[澳大利亚] 特雷弗·布赖斯 著　赵娜 译

巴比伦尼亚

牛津通识读本·

Babylonia

A Very Short Introduction

译林出版社

图书在版编目（CIP）数据

巴比伦尼亚 /（澳）特雷弗·布赖斯(Trevor Bryce）著；
赵娜译．—南京：译林出版社，2022.8
（牛津通识读本）
书名原文：Babylonia: A Very Short Introduction
ISBN 978-7-5447-9229-5

Ⅰ.①巴… Ⅱ.①特… ②赵… Ⅲ.①巴比伦－历史
Ⅳ.①K124.3

中国版本图书馆 CIP 数据核字（2022）第 099328 号

巴比伦尼亚　[澳大利亚] 特雷弗·布赖斯 /著　赵　娜 / 译

责任编辑　田　智
装帧设计　景秋萍
校　　对　孙玉兰
责任印制　董　虎

原文出版　Oxford University Press, 2016
出版发行　译林出版社
地　　址　南京市湖南路 1 号 A 楼
邮　　箱　yilin@yilin.com
网　　址　www.yilin.com
市场热线　025-86633278
排　　版　南京展望文化发展有限公司
印　　刷　江苏扬中印刷有限公司
开　　本　890 毫米 ×1260 毫米　1/32
印　　张　9.25
插　　页　4
版　　次　2022 年 8 月第 1 版
印　　次　2022 年 8 月第 1 次印刷
书　　号　ISBN 978-7-5447-9229-5
定　　价　39.00 元

序 言

欧阳晓莉

本书作者特雷弗·布赖斯教授曾长期执教于澳大利亚昆士兰大学历史、哲学、古典和宗教学院，是一位知名的赫梯学家。[①]他的成果丰硕，仅独著与合写的作品就多达十余部，其中既包括赫梯文明的专题研究，又有古代近东其他地区（如两河流域、叙利亚和特洛伊）的通史。他的著作《赫梯人的王国》（*The Kingdom of the Hittites*）突破了德国学者在赫梯学研究中的传统优势，在英语世界广受好评；另一著作*Hittite Warrior*，中文译名《安纳托利亚勇士：赫梯人简史》，2022年4月已出版，译者为首都师范大学赫梯学专家蒋家瑜博士。本书英文原版名为*Babylonia*，由牛津大学出版社2016年首次出版。

书名《巴比伦尼亚》源于学界对两河流域南部约定俗成的称呼。两河流域在地图上的形状颇像一个葫芦，以今天伊拉克首都巴格达附近为界（底格里斯河与幼发拉底河距离最近之处，相

① 赫梯人是古代印欧人的一支，于公元前2千纪早期迁入小亚细亚半岛的东部和中部地区，建立赫梯文明。

隔约40公里），天然地分为南北两个区域。两地在气候地理上各有特点：南部巴比伦尼亚的地形以冲积平原为主，全域海拔不超过海平面20米，年均降雨量少于干旱农业200毫米/年的下限，自然资源匮乏，农业极度依赖人工灌溉；北部亚述以石灰石覆盖的山地为主，年均降雨量使得部分地区可开展旱作农业，自然资源如石料和木材也相对丰富。然而，就是在南部这样的酷热贫瘠之地，两河流域文明却首先得以发展。

由于英法两国率先在北部亚述地区开展大规模的考古活动，最早发掘的楔形文字文献也多出土于此，故研究两河流域的学科被命名为亚述学。南部巴比伦尼亚地区得名于巴比伦城，它在公元前2千纪上半叶的古巴比伦时期首次成为王国的都城（本书第一章），在公元前1千纪中叶的新巴比伦王朝再度成为都城（第八章）。不过，自公元前3千纪起，两河流域的本土文献就称南部地区为“苏美尔和阿卡德”，而不是“巴比伦尼亚”；在埃及出土的阿玛尔纳档案中（约公元前14世纪中期），[①]两河流域南部则被称为“卡尔杜尼亚什”。

美索不达米亚/两河流域——北部：亚述
　　　　　　　　　　　——南部：巴比伦尼亚
　　　　　　　　　　　　　　　——北部：阿卡德
　　　　　　　　　　　　　　　——南部：苏美尔

“牛津通识读本”丛书依据上述两河流域地理的二分法，邀

① 阿玛尔纳是埃及法老埃赫那吞（约公元前1353—公元前1336在位）所建新都，大致位于底比斯和孟菲斯的中间。它出土了300多封楔形文字阿卡德语的书信，约十分之一是当时古代近东其他大国（如亚述、加喜特、米坦尼、赫梯）写给埃及法老的信件，展现了东部地中海世界错综复杂的国际关系和频繁的人员以及物资交换。

请两位学者分别撰写了《古代亚述简史》[1]和《巴比伦尼亚》两册读本，有其合理性。以文字存亡而论，两河流域历史始于约公元前3200年楔形文字的发明，终于公元1世纪最后一块楔形文字泥板的记录，上下纵横3 000余年，区区一册读本难以概述如此漫长悠久而又纷繁复杂的历史，按地区分册显然有其必要性。此外，在公元前1千纪的帝国时代之前，两河流域本土王朝绝大部分时间统治的核心区域都南部巴比伦尼亚，仅阿卡德王朝较为持续地统一过整个两河流域的南北两部分。这又为以南部巴比伦尼亚为中心的历史叙事提供了进一步支持。

但是，如果把两河流域历史视为一部整体史，那么南部巴比伦尼亚的历史仅相当于其中一个组成部分的区域国别史，在时间抑或空间上它都是从两河流域整体史中切割出来的一块。如何处理部分与整体之间的关系是本书面临的一大挑战。当然，本书作者对此也有深刻认识，因此在《导言》一章中补充了公元前3千纪两河流域历史的发展脉络，提醒读者巴比伦尼亚文明并非横空出世，而是前一阶段历史的延续。以本书第二章讨论的《汉谟拉比法典》[2]为例，其立法理念和行文范式都可追溯到公元前3千纪末的《乌尔纳姆法典》，后者才是人类文明史上的第一部成文法典。

把两河流域历史二分为南北两部的地方史，还遮蔽了二者的文化亲缘性。以语言文字为例，它们的历史记录使用了同一种文字（楔形文字）和同一种语言（阿卡德语）。后者是最古老

① Karen Radner, *Ancient Assyria* (Oxford University Press, 2015).

② 国内一般译为《汉谟拉比法典》，但本书作者对此进行了一些探讨，详见第二章。——编注

的闪米特语，依据地理二分法又相应区分为南部方言巴比伦语和北部方言亚述语。无论是阿卡德语还是楔形文字，都共同起源于两河流域早期的文明与历史。

在非学术的中文语境中，以南部巴比伦尼亚为中心的历史叙事还关乎一个常见的错误表述，即把古巴比伦与古代中国、印度、埃及并称为四大文明古国。笔者在不同场合曾多次强调，古巴比伦仅对应两河流域历史上一个朝代/时期，用它代指整个两河流域从而与其他三个文明区域并举实则犯了以偏概全的错误，就如同论及中国历史时不能用“唐朝”来指代“中国”。更准确、更恰当的表达应当用“两河流域”来取代“古巴比伦”。

鉴于以上种种，笔者建议读者阅读本书时不妨同时阅读上文提及的“牛津通识读本”系列中的《古代亚述简史》。对两河流域整体史感兴趣的读者，推荐进一步阅读经典之作《古代近东史》（Marc Van De Mieroop, *A History of the Ancient Near East, ca. 3000–323 BC*）。遗憾的是此书尚未有中译本。

目录

致 谢

在本书的撰写过程中，我很荣幸可以与牛津大学出版社的各位编辑进行合作，尤其要感谢安德莉亚·基根女士、詹妮·努吉女士以及嘉莉·希克曼女士的大力支持。衷心感谢昆士兰大学历史及哲学系在基础设施方面给予我的宝贵资助。海瑟·贝克博士阅读了本书的初稿，并提出了许多宝贵意见，我在此郑重表示感谢。还要感谢牛津大学出版社匿名外部审稿人对本书所提出的宝贵评阅意见，我在终稿的写作过程中获益良多。最后，衷心感谢多萝西·麦卡锡女士，她也是我之前两部著作的编辑。麦卡锡女士细致阅读了本书的文字，并对很多细节进行了精心审阅，我再次真诚表示感谢！

特雷弗·布赖斯

2015年9月于昆士兰大学

导 言

巴比伦是古代世界最伟大的城市之一（见图1）。和罗马一样，巴比伦这个名字会让人联想到权力、财富、辉煌——以及堕落。这两个名字在《圣经》中紧密相关——在《启示录》中，罗马被称为“巴比伦大淫妇”——因此，这两座城市常常被人们相提并论。在巴比伦土崩瓦解后的漫长岁月里，这座城市暴虐与放荡的形象依然存在于人们的心目中，甚至日益根深蒂固。通过解读泥石板上的巴比伦文字，研查这座城市的考古遗迹，复原巴比伦的历史与文明，我们将发现巴比伦在《圣经》中的形象在很多方面如何得到了改善。通过这两方面的资料，我们了解到，巴比伦的历史可以追溯到罗马建立之前将近两千年。在人类历史上所有长时间持续居住的城市定居点当中，巴比伦成为文化大放异彩、知识蓬勃发展的古代文明的中心之一，深远地影响了同时代其他古代近东地区的城市，在众多方面对古典时代的宗教、科学以及文学传统做出了巨大贡献。

不过，接下来的内容介绍的不只是巴比伦，还包括整个美索

不达米亚南部地区，在底格里斯河和幼发拉底河彼此交汇的区
1 域，从现今伊拉克首都巴格达向南延伸，穿过南部腹地的沼泽，一直到波斯湾。巴比伦就位于巴格达西南的幼发拉底河畔。公元前3千纪，即我们所说的青铜时代早期，巴比伦还只是美索不达米亚南部出现的众多城邦之一。大约在公元前3千纪中期，这座后来在《圣经》中臭名昭著的城市刚刚出现，只是一座小村落，而此时，美索不达米亚南部的一些城邦已经建立了几百年之久，它们聚集在一起，形成了苏美尔文明。我们现在称之为苏美尔的区域，大约是在公元前3千纪初期崭露头角的（当时居住在那里的人把这片土地叫作“文明的君主之地”）。它是近东地区第一个主要的、有组织的城市聚居区，现在被公认为“文明的摇篮”。

关于苏美尔人的起源，现在学术界依然有不同意见——有人认为他们是在公元前4千纪末期迁移到美索不达米亚的，还有人认为他们是由原来就居住在美索不达米亚的土著人进化而来的。无论是哪种情况，苏美尔人都拥有高度的实践和组织能力，这些能力帮助他们征服了美索不达米亚恶劣的自然环境，帮助他们在这片土地上生存繁衍，兴旺繁荣。底格里斯河和幼发拉底河之间的区域是平坦而干旱的土地，其中大部分地区是沙漠。这里的降水量微乎其微，甚至经常终年不雨，无法滋润这片土地。干旱问题曾经一直威胁着人类的生存。

苏美尔人勇敢地面对干旱问题，成功克服了这一困难。他们修建运河，将其连接成庞大的网络，组成了复杂的灌溉系统。这是苏美尔人杰出的实践成就之一。在苏美尔人的所有成就中，正是由于这一壮举，他们才将一个极不适合人类发展的地区

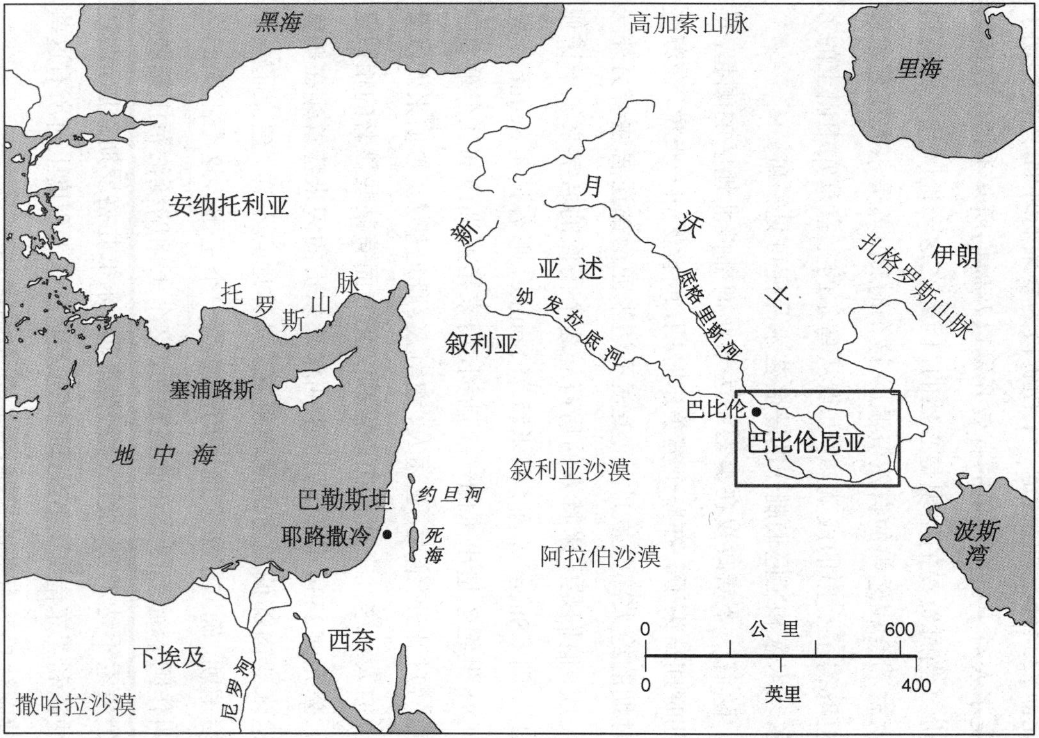
黑海
高加索山脉
里海
安纳托利亚
月
沃
新
亚
述
扎格罗斯山脉
伊朗
土
托
罗
斯
山
脉
幼发拉底河
底格里斯河
叙利亚
塞浦路斯
巴比伦
巴比伦尼亚
地中海
叙利亚沙漠
巴勒斯坦
约旦河
耶路撒冷
死海
阿拉伯沙漠
波斯湾
0
公里
600
0
英里
400
西奈
下埃及
尼罗河
撒哈拉沙漠

图1　古代近东世界

2

改造成繁荣而先进的文明的家园。苏美尔人的城邦时代在历史上被称为“早王朝时期”，其历史可以追溯至约公元前2900年到公元前2334年之间，这是一个物质极为繁荣的时期，主要归功于苏美尔人对于自然环境的有效开发以及他们所从事的广泛贸易活动。（当时贸易的出现是必然的，因为在这一地区几乎没有诸
3 如木材和金属之类的自然资源。）这个时期，苏美尔人在艺术领域也取得了杰出的成就，这一点从乌尔的王室墓穴中出土的苏美尔艺术家和工匠们制作的著名艺术品便可见一斑。

随着一个新政权在美索不达米亚南部偏北地区的崛起，早王朝时期结束了。在整个苏美尔时期，或者保守一点说，在苏美尔时期的绝大部分岁月里，美索不达米亚南部还居住着另外一个民族，他们是闪米特人的后裔。这个民族的名字来源于诺亚的儿子闪（Shem），而“闪米特”（Semite，形容词是Semitic）是公元18世纪创造出来的一个新词，用来指亚洲西部几个重要的族群，包括巴比伦人、亚述人、迦南人、腓尼基人、希伯来人以及阿拉伯人。这几个族群在语言和文化方面有某些显著的相似之处。公元前2334年左右，一个叫作萨尔贡的闪米特首领在美索不达米亚南部偏北方的阿卡德城（具体地点不详）建立了一个统治王朝，确立了近东地区历史上第一个王国。这个王国的名字叫作阿卡德王国。在鼎盛时期，这个王国的统治范围拓展到整个美索不达米亚，北至库尔德斯坦，东抵扎格罗斯山脉，西达安纳托利亚东南部（不过，阿卡德人能在多大程度上对所有这些区域施行直接有效的控制，我们并不确定）。

诸多因素导致阿卡德王国在约公元前2193年衰落。随后短短百年之内，另外一个帝国崛起。这个帝国以美索不达米亚

最南端的乌尔城为根基发展而来，由乌尔-纳姆在约公元前2112年建立，被称为乌尔第三王朝。其统治范围包含了整个美索不达米亚南部，还包括底格里斯河东部很多臣服的领土。但是，乌尔第三王朝的寿命比之前的阿卡德王国还要短一些。约公元前2004年，它被来自伊朗西部的埃兰入侵者征服。

巴比伦在青铜时代早期的传奇中没有扮演什么重要角色。实际上，有关它的书面记载一直到约公元前2200年阿卡德王国统治时期才出现。那时的巴比伦城至少有两座庙宇。接 4
下来，它成为乌尔第三王朝的一个省级行政中心。但是，此时距巴比伦真正崛起为一座重要城市，还有约莫150年。公元前1880年左右，一个叫作苏穆-拉-埃尔的人在巴比伦建立了一个王朝。在这个王朝第五任国王汉谟拉比（Hammurabi，也称Hammurapi）统治时期，巴比伦成为近东地区一个重要王国的中心。在这座城市漫长的历史上，这还是第一次。

我们将会在后面的章节中详细讲述汉谟拉比的统治（公元前1792—公元前1750）。但首先，我们来看一下“巴比伦”和“巴比伦尼亚”这两个名字。在阿卡德时期，巴比伦叫作“巴比-伊利姆”（Bāb-ilim），意思是“神之门”。巴比伦在苏美尔语中的名字“卡-丁基拉”（Ka-dingirra）也是同样的含义。我们已无从得知哪一个名字出现得更早，但是阿卡德时期的名字“巴比-伊利姆”在古代历史上被广泛认可。“巴比伦”这个希腊语名字就来源于此。而在希伯来语中，这个城市被称为“巴别”（Bābel）。

显而易见，“巴比伦尼亚”这个名称来源于“巴比伦”，它并不是一个久已有之的名字。现代学者用这个词来指代自巴比伦城首次占据重要地位起，尤其是自汉谟拉比统治起的美索不达米亚南部地区。然而，还有一部分学者认为，只有从青铜时代晚期的加喜特王朝统治时期开始，这片区域才能被称为“巴比伦尼亚”——因为只有从那时起，这个名字才成为地缘政治学上一个连贯的单元，而且在之后的古代历史中也基本如此。甚至到后来，在亚述、波斯和罗马等外来势力统治这片区域时，人们也沿用了“巴比伦尼亚”这个名字。然而，汉谟拉比王朝，或者更具体地说汉谟拉比本人统治时期，才是我们这本书关于美索不达米亚南部地区，即“巴比伦尼亚”历史之旅的便捷起点。

如前所述，本书历史之旅的起点是汉谟拉比统治的古巴比伦王国。第二站是历史上第二个伟大的巴比伦王国，由加喜特
5 人统治。经过相当长一段时间的寂寂无闻后，作为新巴比伦帝国的国都，巴比伦璀璨的光芒比历史上任何一个时期都耀眼。此时，尼布甲尼撒二世（公元前604—公元前562）成为近东地区权力最大的国王。接下来，我们将先后来到波斯人和马其顿人统治时期，后者的统治以公元前323年亚历山大大帝在巴比伦的死亡而告终。在随后的希腊化时期，巴比伦尼亚成为塞琉古帝国的一部分。我们历史之旅的终点是罗马帝国时期。这时的巴比伦城几乎已成为荒无人烟的废墟。公元2世纪早期，罗马皇帝图拉真来到这里凭吊亚历山大大帝，展现在他眼前的巴比伦城
6 就是这样一幅景象。

第一章

古巴比伦尼亚时期 （约公元前 1880—公元前 1595）

公元前2千纪早期的民族与王国

汉谟拉比王朝，以及那个时代大部分巴比伦和巴比伦尼亚其他城市的居民，实际上都属于近东地区最强大、分布范围最广的民族之一。他们被称为阿摩利人。这个名字为我们所熟知，是因为它出现在《圣经·旧约》所列出的国家名字里（如《申命记》20: 16—17）。但是，《圣经》中的阿摩利人和早期历史资料中提到的阿摩利人可能不完全一样，而只是间接相关。阿摩利人说的语言是一种闪米特语，他们最初是游牧民族，生活在叙利亚和巴勒斯坦的大部分地区，后来为了给牛羊寻找新的草地而逐渐向东迁移，跨过幼发拉底河，进入美索不达米亚南部。这些游牧民族中的一部分人在接下来的几个世纪里依然保持着传统的游牧生活方式，而另外一部分人搬入城市之后便很快适应了比较稳定的定居生活。这一点在叙利亚北部城市埃布拉所出土的公元前24世纪的文字史料中有所记载（在本书中，在涉及古

代历史的语境时，我们用“叙利亚”这个术语指代位于幼发拉底
7 河和地中海东海岸之间的地区。）

近东地区公元前3千纪的第一代强大王国衰败之后，在公元前2千纪的前几百年里，阿摩利人的首领开始在美索不达米亚和叙利亚建立属于自己的王国。在这些王国之中，比较重要的有阿摩利首领沙姆希-阿杜（Samsi-Addu，阿卡德语中叫沙姆希-阿达德，Shamshi-Adad）在公元前18世纪早期建立的上美索不达米亚王国。该王国的传统首都是底格里斯河畔的阿舒尔。沙姆希-阿杜还在底格里斯河边离阿舒尔不远的城市埃卡拉图姆（具体位置不详）和幼发拉底河中段西岸的马里设立了副王位。同一时期，阿摩利人所建立的其他王国也在崛起，这些王国包括阿摩利首领苏穆-埃普在叙利亚建立的亚姆哈德王国，其首都是阿勒颇。再往南还有奥龙特斯河东部的卡特纳王国。

除了以上提到的王国之外，这一时期叙利亚和美索不达米亚的政治局势中，比较突出的还有美索不达米亚南部的三个王国。伊辛和拉尔萨是其中出现较早的两个王国。这两个国家都试图填补乌尔第三王朝衰败之后留下的权力空白，因而成了宿敌。经过了一系列长时间的较量，拉尔萨在国王瑞姆-辛统治期间获得了最后胜利。他于约公元前1794年打败对手，将伊辛王国纳入他的统治范围。在这之后的三十多年里，瑞姆-辛在这一地区享有至高无上的权力。但是最后，他强大的邻居——巴比伦王国的汉谟拉比推翻了其统治（约公元前1763年），占领了拉尔萨。

汉谟拉比及其之前的历代君主

汉谟拉比统治时期是他的王朝在近东地区，尤其是幼发拉

底河中部区域和美索不达米亚南部地区的权力鼎盛时期（见图2）。在巴比伦尼亚人的传说中，阿摩利游牧民族的一位首领苏穆-阿布姆（约公元前1894—公元前1881）被认为是汉谟拉比王朝的创建者。苏穆-阿布姆在他所生活的那个时代拥有很 8
高的声望，在后世也备受尊重。很有可能就是在他的带领下，阿摩利人的这一分支声望日隆，后来建立了巴比伦王国。但是，因为苏穆-阿布姆本人从来没有在巴比伦居住过，学者们更倾向于认为其继任者苏穆-拉-埃尔（约公元前1880—公元前1845）是巴比伦王国的真正创立者。一般认为，苏穆-拉-埃尔的功绩是修建了一座王宫并构筑了城邦周围宏大的防御工事。巴比伦王国早期的其他国王则下令在城邦内修筑了新的运河。然而，古巴比伦统治者所修建的最宏伟的运河位于乡村农业地区。这些水道是巴比伦尼亚的命脉，是国家未来发展和繁荣不可或缺的基础。

但是，从苏穆-拉-埃尔即位一直到他的第三任继承者，即汉谟拉比的父亲辛-穆巴利特在约公元前1793年去世之前，在将近九十年的时间里，巴比伦在近东世界仍然是一个相对无足轻重的角色。这一时期，伊辛和拉尔萨是美索不达米亚南部地区的主要势力，而位于迪亚拉河谷的埃什南纳以及伊朗西南部的埃兰则是这一时代新生的重要力量。但是，虽然所有这些国家对巴比伦王国的存在不断地造成威胁，这个由辛-穆巴利特统治的面积不大的区域（大约不到1万平方公里）在传位给汉谟拉比时已经发展得颇具规模。王国内部政治稳定，经济相对繁荣，而且由于城防大大巩固，在有外来者攻击时也比较安全。

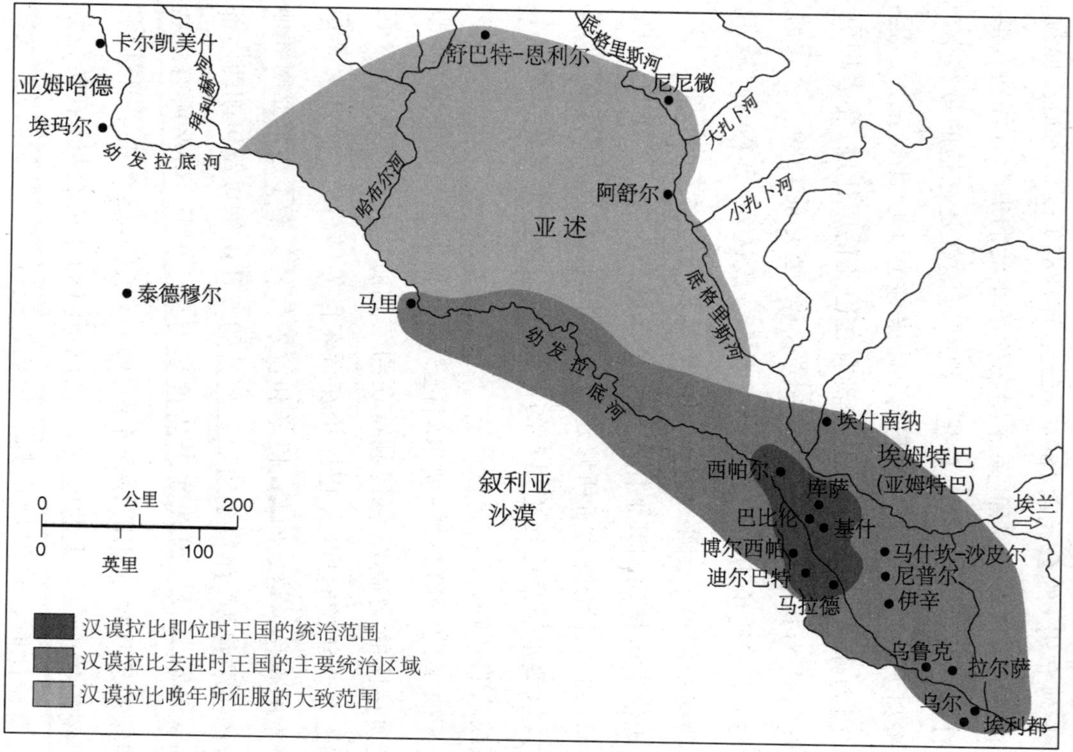

图2　汉谟拉比统治下的巴比伦尼亚王国

即便如此，王国仍面临重重危机。在这个时代，要想生存下来，就需要和这个地区更强大的力量结成同盟（有时甚至是向其臣服）。对巴比伦而言，北有沙姆希-阿杜的上美索不达米亚王国，南有瑞姆-辛统治的拉尔萨王国对其虎视眈眈。因此，和这两个强大的邻国在政治和军事上结成联盟是个明智之举，这样既能赢得他们的好感，又能获得他们的保护，从而免受同时代其他势力的侵犯。这一举措让汉谟拉比有了足够的喘息空间，可 10
以在其父打造好的经济基础之上继续进行建设，挖掘运河，巩固首都的防御工事。与此同时，他还修缮已有的神庙、建设新的神庙。汉谟拉比还对王国的书吏抄写中心给予大力支持，这一做法在当时有助于提升王国的统治效率。此外，他还进行了社会改革。这些措施进一步促进了王国内部的稳定。汉谟拉比通过建设和司法活动，向人们展示了一位国王应该承担的两项最重要的职责——一是进行建设，二是进行社会改革。

在其统治初期，汉谟拉比应该就已经梦想着要成为一位伟大的军事统领。保护并巩固已有领土是他头等重要的任务。不过，在即位的第六年，汉谟拉比的扩张野心便已有所体现，他突袭了当时属于拉尔萨王国的伊辛和乌鲁克城，在军事方面初露锋芒。在接下来的几年里，他还针对同一区域的其他城邦开展了进一步的军事行动。到了其统治中期，汉谟拉比已经毫无疑问地成为那个时代重要的统治者之一。这一点在当时兹姆里-利姆所统治的马里城邦中一位宫廷官员写给国王封臣的信中可以得到证实。信的一部分内容是这样的：“没有人可以独揽这片土地的统治权。现今的局势是，巴比伦的汉谟拉比有十到十五位国王追随，拉尔萨的瑞姆-辛、埃什南纳的伊巴-皮-埃尔、卡特纳的阿穆-皮-埃尔，也都有十到十五位国王臣服。亚姆哈德王国的亚瑞姆-利姆则有二十位国王归顺。”

除了这五个王国，我们还应该加上马里。后来官方的说法中也包含了马里，还有东部的埃兰王国。在那个时代，埃兰王国的统治者应该是所有王国中最强大的。在马里和埃兰之间的土地上，不同城邦的统治者们控制了从叙利亚西部一直到美索不达米亚和伊朗西南部的广袤土地。当时，如果其中一个统治者
11 入侵其他国家，那么就很可能引发其余国家的联合对抗。这形成了一个相当有效的保障，确保了整个地区的相对和平与稳定。最终，汉谟拉比在精明而机智地与这位或者那位国王结成一系列的盟友后，做好了准备，将以防御为主的策略转变为攻击为主的扩张主义军事行动。这一转折点发生在这位国王即位三十年之后的公元前1763年。

这一年，汉谟拉比遭到了埃兰人领导的同盟军的抵抗，其中包括来自埃什南纳的军队。汉谟拉比击败这一同盟，获得底格里斯河区域一大片狭长土地的控制权。第二年，他攻克埃什南纳。大约也是在此时，汉谟拉比指挥军队向拉尔萨进军，他的托辞是拉尔萨在他向埃兰人开战时拒绝为他提供支持。围城六个月后，汉谟拉比占领了拉尔萨。就这样，拉尔萨最辉煌的统治者瑞姆-辛的漫长统治结束了，瑞姆-辛本人也沦为汉谟拉比的阶下囚。汉谟拉比放过了拉尔萨城以及城中的居民和建筑，只是拆除了拉尔萨的防御工事。这样，拉尔萨，还有所有向其臣服的领土，包括伊辛、乌尔和乌鲁克，都成为快速扩张的巴比伦王国不可或缺的组成部分。但是汉谟拉比的扩张行动还没有就此打住。

随后，他将注意力转向幼发拉底河西岸，指挥军队向马里王国进军，占领了它的首都。汉谟拉比和他的军队在那里驻扎了几个月，这让他们有足够的时间来洗劫城中的大部分财物并运回巴比伦。然后，他下令将那里重要的建筑付之一炬。到此时为止，没有依附于巴比伦而依然保持独立的重要国家只剩下叙利亚西部的亚姆哈德王国（阿勒颇）和卡特纳王国。这两个王国远离汉谟拉比的统治基地，因此可以免受巴比伦人入侵的严重威胁。

晚年的汉谟拉比似乎针对美索不达米亚北部地区展开了至少两次军事行动。据推测，在这两次行动中，他的军队一路打到原来的上美索不达米亚王国北部。虽然最后汉谟拉比可能没能 12
赢得对这些区域的绝对控制权，但在其统治的最后十年，汉谟拉比在军事方面的成就已经毫无疑问使他成为美索不达米亚最强大的国王。事实上，汉谟拉比曾吹嘘说，自己是“让世界四方都臣服的王”。这种说法虽然明显有夸张成分，但在那个时期，在政治和军事力量方面，似乎只有控制幼发拉底河和地中海之间大部分区域的亚姆哈德国王才能与他匹敌。这两位国王共同享有近东世界毫无疑问的统治权。

汉谟拉比的继承者们

汉谟拉比有五任继承者，每一位统治时期都很长。在他们的统治下，汉谟拉比所建立的王朝又持续了155年。但是，这位伟大人物去世后的几年里，巴比伦王朝已经开始有衰败的迹象。在汉谟拉比的继任者，其子萨姆苏-伊鲁纳（约公元前1749—公元前1712）统治期间，这一迹象非常明显。萨姆苏-伊鲁纳在汉谟拉比临终前的几年里已经承担起一部分国王的责任。他似乎也是一位勤勉尽责、精力旺盛的国王，努力想维持其父为巴比伦所赢得的地位和权力，并在此基础上进一步大展拳脚。因此，他在马里以北的幼发拉底河沿岸继续采取一系列军事行动，暂时吞并了那里新发展起来的一个名叫哈纳的王国。当时，这个王国的统治者曾经试图填补马里衰落之后该区域留下的权力真空。

但是，在萨姆苏-伊鲁纳统治的第十年，在巴比伦王国的其他地方，尤其在南部区域出现了严重的问题。他统治第十年和第十一年间的文字史料显示，国王已经失去了对南方几个城市的控制权（据推测，这是环境和政治原因所导致），其中可能包括圣城尼普尔。最南端的乌尔城也不再由他统治。巴比伦尼
13 亚北部在萨姆苏-伊鲁纳的管理下似乎保持了稳定和繁荣，而且事实上这些城市还为来自巴比伦尼亚南部城市的难民们提供了新的住所。但是在南方，政治动荡仍在继续，不断有人暴动。在王国东北部以及东部边境地区也有暴动发生。这种情况在萨姆苏-伊鲁纳后来统治期间一直如此。在他死后，情况也未能好转。

上述状况的产生是由于巴比伦尼亚出现了新的部落，或者至少可以说这些新部落的出现让原来的情况雪上加霜。这些部落中比较引人注目的是从东部迁徙而来的一个以养马为生的部落。他们最初占领了底格里斯河区域的部分地区，然后散居于巴比伦尼亚各处，最远到达幼发拉底河中部。这个部落的人在巴比伦尼亚的渗透过程总体上似乎是和平的。在当时的文字史料记载中，他们是以雇佣兵和农业庄园雇佣劳动力的身份出现

的，有时候他们自己也是资产的购买者。但是，这个部落的人后来也卷入了与巴比伦尼亚人的冲突中，这一点在萨姆苏-伊鲁纳和他的继任者，其子阿比-埃舒统治期间的文书中也有所提及。这个部落的人被称作加喜特人。

在萨姆苏-伊鲁纳统治的最后几年，王国还面临另外一个严重的威胁——这一威胁来自巴比伦尼亚最南端的沼泽地区。在这里崛起了一个叫作海国第一王朝的政权。由于他们的出现，在萨姆苏-伊鲁纳和阿比-埃舒统治期间，巴比伦尼亚南部原本混乱的局势更加麻烦不断。他们可能曾经一度控制了巴比伦尼亚北部的部分领土。

古巴比伦王朝的最后三位国王似乎也和他们的先辈一样，兢兢业业地履行着国王的职责——修建和维护运河体系，加强城市的防御工事，消灭叛乱，等等。可惜，他们之中没有一个人能够扭转巴比伦王国衰败的命运。但是，他们确实继续掌握着对巴比伦尼亚北部领土和城市的控制权。而且，在这几位国王的积极推动和鼓励之下，在这些城市里，科学（包括数学）和艺 14
术似乎相对繁盛起来。当时，在国王的支持下新建了几个书吏抄写中心便是证明。王朝的最后三位国王还在巴比伦和其他城市新建或者修缮了神庙和庇护所，尤其是供奉主神马尔都克的神庙，履行了自己的宗教职责。他们还认真负责地维持了自己作为正义守护人的身份，在统治期间颁布了“正义敕令”。这些敕令特别涉及社会改革，其目的是为那些无法偿还债务的人减轻负担。

古巴比伦王国的历史在公元前16世纪初期进入了终章。公元前1595年左右，赫梯王国国王穆尔西里一世在叙利亚北部大获全胜，消灭了阿勒颇王国，此后继续前进，一鼓作气进军到幼发拉底河东岸，随即一路向南，打到了巴比伦。此时，统治巴比伦的是萨姆苏-狄塔纳，汉谟拉比王朝的末代君主。穆尔西里包围了王朝的首都，攻陷并洗劫了城市，毫不留情地将其毁灭。古巴比伦王国的统治就此结束。

第二章

《汉谟拉比法令》[1]视角下巴比伦尼亚社会状况一览

为使强不凌弱，为使孤寡各得其所，在其首领为安努与恩利尔所赞扬之巴比伦城，在其根基与天地共始终之神庙埃·沙吉剌，为使国中法庭便于审讯，为使国中宣判便于决定，为使受害之人得伸正义，我以我的金玉良言铭刻于我的石柱上，并置于我的肖像亦即公正之王的肖像之前。[2]

（摘自《汉谟拉比法令》结语）

汉谟拉比的石碑

公元1901年至1902年，法国考古队在位于伊朗西北部的古埃兰王国首都苏萨古城进行考古发掘时出土了一个高约2.2米的壮观石碑（石柱）。石碑由一种叫作闪长岩的黑色岩石雕刻

① 作者在本章后半部分指出，现代学者已经不用法典（Code）来指代汉谟拉比所颁布的法律（Law），因此译者将Hammurabi's Laws这一专有名词译为《汉谟拉比法令》。——译注

② 该译文引自林志纯先生主编的《世界通史资料选辑》上古部分（商务印书馆1963年版），本书将埃·沙吉剌译为埃萨吉拉。——译注

而成（见图3）。石碑的正反两面都刻有文字，长度有数百行。文字上方是雕像，刻画的是一个端坐在宝座上的神祇和一个站立在他面前的人，画面占据石碑正面上端的三分之一。这块石

图3 《汉谟拉比法令》石碑上的汉谟拉比与正义之神沙玛什

碑曾是一件宝贵的战利品。公元前12世纪，一位埃兰国王征服洗劫美索不达米亚之后将其带回了都城苏萨。 16

石碑上雕刻的神祇是掌管正义之神沙玛什；站立在他面前的是这位神明在人间的代表——巴比伦国王汉谟拉比。他正从神祇手中接过由一个测量杖和一段盘绕成圈的绳子构成的象征王权的“权杖之环”。 17

石碑上刻有一系列法令，主要规定了汉谟拉比作为其国民的庇护者，尤其是弱小无助国民的保护者的角色。碑文用一种古老的文字书写而成，这种书写系统可以追溯至几个世纪以前阿卡德国王发布书面公告时所使用的语言。碑文最初包含约275至300条法令，正文前后另有前言和结语。我们之所以无法确定法令条目的确切数量，是因为石碑正面文字的最后七栏被埃兰人抹去了。然而，通过《汉谟拉比法令》现存的众多副本和复制品，我们还是可以确定缺失条款的几乎全部内容。

法国考古队将汉谟拉比的石碑从苏萨运到巴黎。这块石碑现展览于卢浮宫内。在汉谟拉比所统治的王国，也许在每一座重要的神庙内，都曾依照国王的命令竖立起刻有《汉谟拉比法令》的石柱，展览于卢浮宫的这个石柱仅是当年其中一个而已。然而，其他石柱都未能留存下来，尤其未能原地不动地留存——虽然法国考古队也曾在苏萨古城发现了两块疑似石柱的残片。但是，《汉谟拉比法令》具体条文的复制品，或者其中的部分文字，确实以或好或差的不同状态留存下来，出土于美索不达米亚各地的遗址中。这些复制品，有的可以追溯至汉谟拉比时期，有的可以追溯至其继任者统治时期，还有一些则属于更晚的时代——事实上，甚至还有一些复制品出现于公元前6世纪和公元前7世纪的新亚述帝国时期和新巴比伦王朝时期。

但这并不意味着在那几百年中，该法令中的条款一直有效，或者具有什么法律上的地位（至于该法令本身在颁布之初有什么效力或者地位，我们稍后会论及）。事实上，在古巴比伦尼亚世界之后出现的古王国和文明中，该法令曾被当作书吏抄写文库中的一部文学经典。在后来的几个世纪中，它们成为书吏教
18 育不可或缺的一部分，这样便确保了这些法令可以被历代书吏一而再，再而三地重复抄写，就这样，这些来自不同时代的抄本或者残片才得以一直流传到今天。

《汉谟拉比法令》的性质和内容

在汉谟拉比漫长统治的最后几年，有可能是在其统治的第39年（即公元前1750年代末期），包含前言和结语的《汉谟拉比法令》经过编纂后被公布于世。在前言和结语中，尤其是在结语中，汉谟拉比着重强调了他在巴比伦王国的土地上弘扬正义、保护社会弱势群体的角色。这些弱势群体，比如孤儿和寡妇，最易遭到剥削和违法行为的侵害。汉谟拉比肩负的神圣职责还要求他成为一位伟大的建设者，《汉谟拉比法令》的前言告诉我们他是如何履行这一职责的：他对治下的城市，尤其是城中的神殿、神庙和圣所进行了修整和重建。但首先，汉谟拉比呈现给我们的形象是一位以公正、智慧和同情统治人民的国王。

在其统治最早期，汉谟拉比便强调这是一国之君的首要职责。他即位的第二年便宣称自己在这一年“以正义统治了国家”。这里的“正义”是从巴比伦语中的“正义敕令”一词翻译过来的。这是国王定期发布的一项王室法令，其目的是减轻人

民的社会和经济负担。在人们普遍有债务负担，从而威胁到整个社会的经济稳定时，国王便会宣布免除债务。他宣称，在人民感受到压力而急需保护的时候，向他们提供保护是国王应尽的责任。正义敕令便是这样一个具体的例子。汉谟拉比在他统治的第22年再次颁布了正义敕令。从萨姆苏-伊鲁纳开始，汉谟拉比王朝的继任者们也会定期颁布这种正义敕令。

支撑《汉谟拉比法令》的整体观念和意识其实本身并没有很强的革新性。这些法令很大程度上是受到以前三位国王所编 19
纂的法律条文的启发，《汉谟拉比法令》中有些条文就是对前人那些法律条文的仿效。这三位国王分别是乌尔第三王朝的乌尔-纳姆、伊辛王朝的利皮特-伊什塔尔和埃什南纳的国王达图沙。和《汉谟拉比法令》一样，这些国王所颁布的法律条文也都体现出对弱小无助者的关怀。因此，从这一角度来说，汉谟拉比是在沿袭一个业已形成的传统来进行法律改革。他甚至在法令中采用形式相似的措辞。和前面提到的三位国王一样，《汉谟拉比法令》中的条文是用以下这样的条件陈述句来表达的：倘若（某人做了/承受了某事），则（会产生某种后果）。可以说，在内容上以及表达形式上，汉谟拉比的许多条文都维持了久已有之的法律传统。

但是，还有一些法令和前人制定的条款不同。其中最显著的例子就是那些体现“同态复仇”原则的法令，即为了复仇而复仇。或者借用《圣经》中的说法，就是“以眼还眼，以牙还牙”。因此，倘若一个泥瓦匠为别人盖了一栋房子，但工程不够牢固，导致房屋坍塌下来砸死了屋主，那么这个泥瓦匠应被处死（《汉谟拉比法令》，以下简称《法令》，第229条）。倘若被砸死的是房主的儿子，则应处死泥瓦匠的儿子（《法令》第230条）。这类条款的雏形可以追溯至阿摩利社会较早的游牧部落时期。那个时候，对于同态复仇类型的惩罚也许是弘扬正义的常规方式。我们无法确定在古巴比伦社会的城邦中这种同态复仇原则是否真正按照字面意思去执行，执行的频率又如何。然而，这些法令确实为《圣经・旧约》中的相似法律条款提供了先例。

为了确保在王国中实现公平正义，汉谟拉比所制定的法令覆盖了许多犯罪活动，包括人身侵犯、偷盗、抢劫、过失犯罪以及蓄意杀人等，但还有一些条款涉及社会中的民事和商业活动，比如买卖和租赁不动产，继承遗产，雇用劳工、租赁设备的费用等。此外，尤其因为婚姻及其所产生的结果会牵涉到财产分割和转让这种极为重要的问题，《法令》中还有不少条款与婚姻法规、离婚，以及继承权有关。由于《法令》涉及上述问题以及许多其他事宜，因而折射出那个时期巴比伦社会的大量信息，包括王国的社会结构，农业和经济活动，支撑物质和文化发展的职业和技艺，构成商业活动基础的商品种类，以及奴隶的获得和他们在社会中的作用等。

社会等级制度

《法令》最重要的方面之一是它提供了关于巴比伦尼亚社会等级制度的相关信息。首先，这个社会中有一个等级的人叫作“阿维鲁”。这个词一般被翻译为“自由民”，涵盖了不同社会地位的个人，上自包括书吏在内的精英职业阶层，下至工匠和手艺人。虽然阿维鲁的范畴内明显存在不同的社会等级，但在最为广义的含义中，这个词适用于许多享有自由、独立地位的人。

他们通常与宫廷联系紧密，有时会被任命担任宫廷官僚体制内的高阶职位。他们的任职一方面是由于国王的命令，另一方面应该归功于他们自身的能力。但这种官职并不是一种世袭的权力。在巴比伦尼亚社会中，阿维鲁这个词本身不代表贵族阶层的身份，但在某些情况下，人们会用它来指代社会中的精英、特权阶层，所以有时候这个词也会被翻译成“绅士”。

阿维鲁及其家庭从宫廷获得田产，现代学者将此称为“薪俸”（这些田产可能包括庄园中的农田、果园和房舍）。阿维鲁一家从这些田产中获得农产品，这是他们主要的生计。但在获得田产并从中受益的同时，阿维鲁也需要履行义务，为宫廷提供某种形式的产品或服务。其形式不一而足，可以是将田产中一定比例的农产品上交给宫廷，可以是为宫廷直接管理的庄园提供劳动力，也可以通过履行其他职责来为国王服务，比如服兵役等。在许多情况下，薪俸会在同一个家庭内沿袭，由父亲传给儿子——因此，从这个角度来讲，阿维鲁的职位确实有某种程度的世袭成分。阿维鲁所履行的义务叫作“伊尔库”义务。这种义务与国王所分配的土地份额有关。社会中不同等级的国民为国王提供服务，国王授予他们不同的土地份额。这种服务有时是劳役，有时是兵役。在国王的军队中，为其征战的人通常会获得“伊尔库土地”。军人不出战的时候，这些土地是他们赖以生存的方式。同时，他们还有义务确保自己所获得的土地能够出产尽可能多的粮食，以便为王国总体的粮食生产贡献力量。

在这种制度下，阿维鲁经常会把国王授予自己的土地承包出去，交给其他身份自由但是地位低下的人去耕种。这些人在巴比伦尼亚城镇人口中占比最大。他们被叫作“穆什根努”，这个词经常被翻译为“平民”。但学者伊娃·冯·达索指出，阿维鲁和穆什根努都有可能是富人，也都有可能是穷人，这两种身份的人都可以从王国获得利益或者为其提供服务；两者主要的区别在于，穆什根努阶层没有权力，需要听从官方命令，而阿维鲁阶层则是掌握权力的一方，他们组成议会，成为地方执法官。

穆什根努主要依靠个人资源来谋生，或是被他人雇用成为农业劳工，或是从阿维鲁那里外包土地，成为佃农。他们也可以从宫廷直接外包土地来做佃农。在风调雨顺的年月，土地所产出的农产品也许足够养活穆什根努一家人，他们会有充足的余粮向地主或者土地出租人交租，履行作为佃农的义务。有的穆
22 什根努和阿维鲁一样，直接从国王那里获得土地进行劳作，以养活自己和一家人。作为交换，他们为国王服务，比如直接在宫廷的庄园内工作。但在凶年饥岁，比如常年干旱时，穆什根努就要为生存而挣扎。他们可能会失去经济来源，可能会因为无法向地主交租而负债累累。也许土地租期延长可以让穆什根努有机会弥补赤字，但若接下来几年依然是旱涝连连，这样做只会增加他的债务负担。

有的穆什根努自己拥有土地。但如果土地无法生产出足够的粮食来支撑他的生活，他可能就会被迫将土地抵押出去。显而易见，借债的利率是很高的——比如，银币的借债利率是20%，大麦的借债利率是33.3%。如果这个穆什根努无法偿还借债，就需要把自己的土地交给债主，再从债主手里租赁自己的土地来种。到那时，如果他无法偿付租金，就会背负更加沉重的债务。正是为了应对这种情况，国王有时候会颁布正义敕令，宣布整体上豁免国民的债务，作为一种短期措施来减少人民大范围

的经济困顿——比如，在经年累月的干旱时期或者庄稼歉收时期，国王便会颁布这样的命令。

在没有债务豁免的年份，债务人如果无法向债权人偿还借贷，就不得不将自己和/或家里的其他成员卖给债权人做奴隶。很显然，这种困境并不少见，尤其会影响到穆什根努阶层，因为他们不像阿维鲁阶层那样与宫廷有千丝万缕的联系，无法像他们那样享受宫廷的保护。《法令》中有一个条款将债务人或其家庭成员在债权人家里做奴隶的期限设定为三年（第117条），虽然这个条款可以减轻无限期做债务奴隶为社会经济所带来的灾难性后果，但是它本身并没有改善导致债务奴隶出现的社会环境。在天灾连连的年代，穆什根努是他所从属的社会群体中极为脆弱的一员。 23

奴　隶

《汉谟拉比法令》中的第三类，也是地位最低的一类人是"瓦尔都"和"阿姆图"，即男性奴隶和女性奴隶。（瓦尔都这个词也用来泛指某个较高地位的人的下级或者对其有服从关系的人。因此，一位高等法院的官员可以被称为国王的"瓦尔都"、"奴隶"或者"仆人"。）除了那些因为无法偿还债务而暂时成为自己同胞债务奴隶的巴比伦人，商人们还可以通过在国外开展贸易获得奴隶，或者进口作为战争战利品的战俘来做奴隶。这些战俘奴隶大部分都成了国王的财产。国王将他们关押在特殊的营房中，在公共建筑项目中将这些奴隶用作劳工，或者指派他们在神庙里工作。还有一些私人奴隶，通过某种独特的"奴隶发绺"作为标记，以便和普通公民区分开来（《法令》第146条）。

这些私人奴隶在家庭中会被指派做一些诸如碾磨面粉之类的家务和基本任务。女性奴隶被指派的工作往往是为主人家的各个成员编织衣服。

如前所述，一户家庭中的债务奴隶可能通常本身也是巴比伦人，在主人家服务几年之后便会恢复自由身。其他通过买卖或者作为战利品从巴比伦之外获得的奴隶，则终其一生都是奴隶。他们在主人家里出生的后代，从出生开始也就都是奴隶。这些奴隶以及宫廷所拥有的奴隶有时会企图逃跑。《法令》中规定，对于窝藏逃跑奴隶的人会施以严厉的惩罚，而抓获这些奴隶并将他们归还给其主人的人，则会给以奖励（《法令》第16、17条）。然而，私人奴隶的生活似乎也不是那么不可忍受，况且他
24 们也总有获得解放的可能。

阶层内部及阶层之间的婚姻

现在，我们来看看《法令》中的一条公告。它涉及我们前面所讨论的三个阶层。这个条款说，如果一个宫廷奴隶或者平民（即穆什根努）的私人奴隶与阿维鲁阶层的女子结婚，然后生儿育女的话，那么奴隶主人不得将这些孩子当成自己的奴隶（《法令》第175条）。

在《法令》关于婚姻的条款中有一些相当重要的条款，这一条便是其中之一。首先，这些条款都具有实用性，比如彩礼、继承权，以及在离婚或者配偶去世时，那些伴随婚姻而产生的财产（比如新娘的嫁妆）或者婚后所增加的财产的处理问题。这些法律中尤其值得注意的一个方面是它们是针对不同地位的人，即奴隶和自由民之间的婚姻所制定的条款。既然存在专门为这

种情况所制定的法律，那么就表明奴隶和自由民之间的婚姻不受法律的阻碍，而且这种婚姻也是真实存在的。我们无法了解的是这种不同阶层之间的婚姻出现的频率。对于这种跨阶层婚姻所带来的明显问题，我们也没有清楚的答案。比如，一个阿维鲁阶层的女子出于何种原因选择和一个奴隶结婚？这个奴隶的主人出于何种原因而同意了这样一门婚事？尤其对于第二个问题，其背后的动机相当值得玩味——因为如果同一个主人所拥有的两个奴隶相结合的话，他们的后代会自动成为这个主人的私有财产，而《法令》中的条款规定，跨越阶层的婚姻双方所养育的后代则会是自由身。

《法令》中的条款（第176条a和b）还进一步规定了阿维鲁阶层的女子嫁给奴隶身份的丈夫之后的情况。她的丈夫可能是宫廷奴隶，也可能是平民所拥有的私人奴隶。妻子在结婚时甚至可能还会带一些嫁妆。那么奴隶身份的丈夫死后，这些嫁妆 25
以及这对夫妻婚姻期间积累下来的财富该怎么处置呢？《法令》说，如果女子结婚时带了嫁妆，那么这些嫁妆应该归还给她，而他们婚姻期间所积累的财产则应该平分，一半给已过世奴隶的主人，另一半给妻子，由她代表婚内所生子女获得。显然，与身份自由的人结婚并不能改变奴隶的身份，但他们的孩子从出生起就是自由身，父亲去世后，在遗产的分配方面也是公平的。

笼统而言，《汉谟拉比法令》中关于婚姻的条款与婚姻约定中的某一部分财产有很大关联。一门婚事至少需要具有某种形式的法律契约才算有效（《法令》第128条）。还有一些条款涉及准新郎在婚前付给他未来岳父的“聘礼”。未来的岳父一旦接受这些聘礼，对于新郎和其准岳父而言都是一种保证，这样双方都会遵守他们之前达成的协议。下聘礼似乎是一个传统的婚前仪式，不过我们无法从《法令》中判断下聘礼这个步骤是不是婚礼的一个常规序曲。另外，新娘带着嫁妆嫁入夫家也是一种风俗。在正常情况下，这些嫁妆会留在她的新家，不受丈夫的支配，也不是丈夫的财产。关于这一点，我们通过《法令》针对婚姻结束时引发的财产分割问题而规定的条款就可以了解。

总的来说，巴比伦人的婚姻是一夫一妻制，夫妻双方都需要忠诚于婚姻，对女方的要求尤其如此。举个例子，如果女方被捉奸在床，那么她和情人都将被“投河”。目前尚不清楚这种惩罚
26 的性质（很明显，这种“投河”的惩罚并不会让他们丧命）。不过，从《法令》第129条来看，如果证实双方都有罪过，那么，如果被背叛的丈夫愿意保全妻子的性命，他就不能要求国王处死妻子的情人。赫梯王国的法典纲要中也有类似的规定。另一方面，如果一个男子指控妻子与他人有染，但是没有证据来证明，那么妻子只需否认这一点便可以被判定无罪，继续留在丈夫家中（《法令》第131条）。但如果另有他人指控该女子与他人同寝，那么很显然她所面临的情况将会不同。在这种情况下，她必须被“投河”，以证明自己的清白（《法令》第132条）。这两个条款似乎反映的都是过去的具体案件，导致这些判决的未知情况肯定比《法令》中那些直白的文字所表明的要复杂得多。

如果妻子没能为丈夫生儿育女，那么丈夫也可能以此为由和妻子离婚。如果是出于这种原因，而妻子在其他方面又无可指摘的话（事实上，即便在生育方面妻子也可能是无辜的那一方，不过《法令》并不承认这种可能性），那么丈夫在把妻子扫地出门（以便给可以生育的另娶之妻让位）之前，必须给予妻子

足够的补偿。补偿金额应该与他们当初缔结婚约时丈夫所付的聘金数额相等，另外，他还应该归还妻子的嫁妆（《法令》第138条）。如果女子挥霍无度，对丈夫恶意中伤，想要离弃丈夫，那么她的待遇就与上面的情况相反。丈夫可以直接以此为由，离弃妻子，不给任何补偿便将她扫地出门。倘若丈夫选择不和妻子离婚，也可另外娶妻，将原配妻子贬为家中女奴（《法令》第141条）。但是《法令》也不总是一边倒地支持丈夫。如果丈夫为所欲为，对妻子恶语相向，妻子也可以要求和丈夫离婚。倘若她将丈夫告上法庭，获得法官的支持，那么妻子就会获得许可与丈夫离婚，带着自己的嫁妆返回自己父亲的家里（《法令》第142条）。

《法令》的主要关注点之一是保护社会中的弱势群体，为达到这一目的，《法令》中有若干条款是针对战争中被敌人所俘虏的那些士兵的妻子而制定的。当时的巴比伦很有可能存在一个福利体系，给那些在战争中牺牲或失踪士兵的妻子们提供援助。这一点在《法令》中并未得到证实，但是《法令》确实承认，一些士兵的妻子可能会因为丈夫被俘无法回家而处于困顿之中。在这种情况下，如果妻子穷困无依，她和孩子便可以和其他男子一同生活，这样并不会被判犯法（《法令》第134条）。这条法规的后续条款是，如果被俘的丈夫重获自由后回到家中，那么妻子必须回来和他一起生活。她与其他男子同居期间所生的孩子则会继承其生父的财产（《法令》第135条）。

保护继承人的权利也是《法令》的一个重要关注点。它同样适用于阿维鲁与女奴所生的子女和他与“正房”妻子所生的孩子。如果男子承认女奴为其所生的子女，那么这些子女与“正房”妻子所生的子女对父亲的财产享有同等的继承权，不过，婚生子女中的男孩是“首选继承人”，对于父亲的财产具有优先选择权（《法令》第170条）。倘若这位父亲不愿正式承认女奴为其所生的孩子，则女奴与其子女在他死后应该被予以释放，不应再成为“正房”妻子家中的奴隶（《法令》第171条）。

正义也分阶层

虽然《法令》的关注点是确保社会中所有成员都能被公正对待，但是汉谟拉比所定义的正义对于其管辖范围内不同阶层的成员并不是一视同仁的。这一点在涉及刑事犯罪的条款中表现得尤其明显。对于罪犯的处罚会根据他所处的阶层和受害
28 者的阶层而定。所以，如果一个阿维鲁弄瞎了另外一个阿维鲁的眼睛或者打断了他的骨头，那么依照同态复仇原则，违法者将面临的处罚是同样被弄瞎眼睛或打断骨头（《法令》第196、197条）。但是，如果一个阿维鲁对一个穆什根努施以同样的伤害，那么他只需面临金钱上的处罚，付出六十谢克尔的银币（《法令》第198条）。如果一个阿维鲁弄瞎了另外一个阿维鲁家奴隶的眼睛，或者打断了这个奴隶的骨头，那么他只需要付出相当于该奴隶价值一半的银币（理论上应该是给奴隶的主人）（《法令》第199条）。如果阿维鲁阶层的一员对同样身份地位的人进行了程度较轻的攻击（条款里专门列出了“掴脸”一项），那么他需要赔偿六十谢克尔的银币（《法令》第203条）。但如果受害者的地位比阿维鲁高，那么对于违法者的惩罚是让其当众受鞭刑（《法令》第202条）。如果一个阿维鲁的奴隶打了另外一位阿维鲁的脸，那么这个奴隶就会被割掉一只耳朵（《法令》第205条）。

巴比伦人获得正义的真正途径是什么？

汉谟拉比命人将无数刻有《法令》的石碑竖立在王国境内的各个城市里，这样做的一个重要原因是确保尽可能多的国民都能够看到这些法令，并且依照这些法令来伸张正义。因此，汉谟拉比在《法令》的结语中说，任何觉得自己在诉讼案件中被冤枉的人都可以来到国王的肖像和石柱前，让人把这些刻在石柱上的条款读给他听。这样他就能明白自己到底有没有受到公正对待。

对于阅读和书写能力有限，或者甚至完全不识字的国民来说，这种做法可以让他们不受学识的限制也能了解国王的公告。汉谟拉比规定，书吏应将《法令》的条款读给那些基本或者完全不识字的人听——就这一点而言，也可以理解为是读给任何人听——这样他们便可以了解《法令》对自己所涉案件的相关规定，获得法律方面的建议。为此咨询者可能需要自行雇人来给自己解读条款。但负责解读《法令》条款的人可能是由宫廷任命的，他们可能依照一个值班表值守在石碑旁，以确保总有一个或者几个人在场，接待常常排队咨询《法令》内容的人群。 29

然而，这一切在实际中意味着什么？咨询者能不能总是找到与他们想咨询的案件确切相关的一个或者几个条款呢？无论何种情况，针对《法令》提供给他们的信息，他们实际上可以怎么操作呢？首先，现代学者们已经不用“法典”这个词来指代汉谟拉比制定的这些法律了，因为“法典”的含义是一个系统且全面的法规集合，涵盖所有可能出现的刑事和民事性质的法律情形。而事实上，《法令》远远不能涵盖所有的情形（只是提供了一些可能涉及法律诉讼的案件样本），有些条款甚至还相互矛盾。这些法令也没有清晰地划定民法和刑法的界限。更重要的是，它们似乎对王国的法庭没有任何约束力。

这里我们需要强调很重要的一点：这些法令本身只能在部分程度上反映古巴比伦社会的面貌。同时期的法律和行政文件以及通信等在勾勒这个社会的完整面貌方面与《法令》发挥着至少同等重要的作用。这些文件经常向我们提供了巴比伦司法制度在实践中的具体案例。公民个人向包括国王本人在内的负责司法行政的权威写了数百封有关法律事务的信件。数百封国王写给地方长官的信件也留存下来，其中许多是针对提交给他征求意见的案件所下达的指示。法庭就提交法庭裁判的事项所作的判决会被记录下来并转交给胜诉的诉讼当事人，如果这些事项再次成为法律诉讼的主题，日后可以参考。虽然《法令》是本章的重点，但信件以及其他法律和行政文件极大地补充了《法
30 令》所包含的信息——比如，关于巴比伦社会的阶层结构、家庭作为中心在社会中的重要性、与商业贸易有关的规定、财产与继承权，以及奴隶所扮演的角色和他们的待遇。

虽然绝大多数提交给国王法庭的案件是由国王的代表所审理，但国王仍是巴比伦的首席法官。国王本人偶尔也会主持由低一级法庭提交的上诉。许多文件列出了在审理案件和达成审判结果时所遵循的一系列程序。它们向我们提供了了解巴比伦王国日常司法管理制度的一手信息。有时候地方官员会就某个特定案件向国王寻求建议，国王对此所进行的回复也可以在他的许多回信中找到。

举例说明，汉谟拉比的继任者萨姆苏-伊鲁纳处理了两桩由

西帕尔的官员提交给他的案件。这两桩案件都与在太阳神沙玛什的神庙中行使某些宗教职责的女性那迪图有关。在其中一桩案件中，负责管理这些那迪图的官员控诉说，有西帕尔人将他们的女儿送入神庙中的隐修院却不给她们提供生活必需品；这些那迪图因此不得不依靠神庙中的储备物资生活。国王在回复中规定，那迪图的亲人此后应该履行义务，只有这样，他们才能将女儿送进或者留在隐修院。不过，国王的回复是通过笼统的词语表达的（和《法令》一样，以“倘若”开头），这样司法部门不仅可以对信中这两件案子做出裁定，未来再有性质相似的情况发生时也有了裁决依据。

《法令》制定的目的

这样我们便回到法律在巴比伦社会中的实际用途这个问 31
题。在回答这个问题之前，我们应该先问一个相关问题：首先，《法令》为什么会把这些条款集中汇编在一起？我们自然而然能想到的一个答案是，它们本质上是一系列法律先例的集合——先审判案子，然后宣布裁决，最后把这些案件和裁决记录下来，以备将来审判时参考。但更重要的是，《法令》最根本的目的是强调汉谟拉比是神祇指定的统治者，他的主要责任是确保正义遍及他所统治的领土，他所有的国民都有权受到法律的庇护。

从实践看，《汉谟拉比法令》不是一本事先拟定好的法庭裁决手册，而是一个指导参考和一套准则——体现正义的重要原则——以便更好地治理社会。的确，《法令》有不少刑罚确实极度严苛，不少罪犯面临死刑或者肢残的惩罚。许多这类刑罚反映的可能是早期阿摩利部落的传统，因为那时候社会结构还很脆弱，那些破坏规则的人可以很轻易地对社会造成伤害。但是，这些法令改变了“权力即正义”的观念，将关注的重点转移到确保社会中所有成员，包括其中最脆弱无助的成员都可以得到保护这一点上。汉谟拉比执政时期着重强调了这一点，其前任在社会改革方面也将这一点当作重中之重。通过汉谟拉比及其前任所做的不懈努力，我们可以明白，在早期社会，这样一种弘扬
32 正义、保护弱小的观念并不可以被简单地视为理所当然。

第三章

古巴比伦尼亚城市

想象一下，如果你坐着时光机回到约4 000年以前，降落在汉谟拉比统治下的都城。那个时候的巴比伦是什么样子的？

这座城市最初只是幼发拉底河畔或其某个支流河畔一个小小的定居点。到了汉谟拉比执政时，这里已经有至少700年的历史了。虽然巴比伦的起源可以追溯至公元前3千纪中期，但一直到汉谟拉比统治期间，巴比伦才成为近东世界宏伟的都城之一，迎来了自己的第一个鼎盛时期。

遗憾的是，关于这个时期的巴比伦城，我们能找到的资料少之又少（不过几乎可以确定的是，和后世的巴比伦相比，此时的巴比伦城市规模非常小），这是因为城中许多建筑在后世被拆除重建了，而原来城市仅存的那一小部分，由于地下水位升高，考古学家又很难进行深入探索。在这部分遗址上进行的第一次大规模发掘是由罗伯特·科尔德威指导下的德国东方学会在1899年至1917年之间进行的，他们的发掘工作主要集中在遗址的上层区域，其中最引人注目的是对于新巴比伦帝国遗址的发掘。

那时的巴比伦是尼布甲尼撒二世统治时期的首都。

1907年至1932年间，对于古巴比伦城的发掘在一个叫作莫克斯的区域继续进行。这个地方是我们现在称为“东方新城”
33 区域的一部分，紧邻巴比伦城最核心的区域。在那里，考古队发现了几栋房子的遗迹，并从房子里找到了几块泥石板。除此之外，对于汉谟拉比统治时期的巴比伦城，我们通过考古研究能够了解的并不多。整个王国的行政管理中心，即汉谟拉比的王宫似乎不翼而飞了。我们通过文献资料了解到，这时的巴比伦和同时期大多数巴比伦尼亚的城市一样，有城墙环卫，城内还建有多座神庙，这一点可以通过汉谟拉比王朝各个国王的年名表[①]得到证明。这些神庙包括了巴比伦最重要的宗教建筑群埃萨吉拉神庙，此外还有供奉其他神明的神庙，其中较为重要的有恩利尔神庙、马尔都克神庙、沙玛什神庙、伊什塔尔神庙以及阿达德神庙等。

但是这些神庙没能留下任何痕迹，至少目前考古学家们还没能发掘到任何相关的遗迹。实际上，关于巴比伦城市本身的证据也极度匮乏。虽然整体而言古巴比伦时期是一个已被充分证实的时期，但我们所知道的关于巴比伦和巴比伦尼亚最重要的知识却来自王国内的其他遗迹——以及来自巴比伦尼亚之外的其他城市和王国。这些知识包括一些书面记录，其中最著名的当然是在埃兰王国古城苏萨所发掘的汉谟拉比石碑本身。通过王国内的其他城市遗迹，主要是南部的乌尔城和乌鲁克城的遗迹，我们对古巴比伦尼亚的城市样貌有了更多的了解。

① 两河流域历史上，历代统治者有以当年最为重要的事件为本年度命名的传统。例如，汉谟拉比在位第六年的年名是“汉谟拉比为宁吉尔苏制造宝座之年”。——译注

乌尔城是公元前3千纪晚期出现的乌尔第三王朝的都城。在整个古巴比伦时期，这里一直是重要的宗教和商业中心。在这一时期，人们对乌尔城的宗教建筑群进行了许多修缮工作，新的居住区也在发展形成。通过对乌尔城以及尼普尔城的考古发掘，我们可以相当清楚地了解到古巴比伦时代巴比伦尼亚王国主要城市的面貌。虽然早期的考古学家们曾经得出结论说这些城市是常规的棋盘布局，城市里笔直的大街相互交叉，但后来的考古证据表明这两座城市的主要街道是狭窄而曲折的，这些街道与拥挤、嘈杂的小街和窄巷相连，当地居民需要穿过这些街巷 34
才能进入自己的住宅街区里。

住宅区的房子一般用未经焙烧而由太阳晒干之后的泥砖盖成。在一些较为高档的住宅中，靠近地基部分的墙壁则会使用焙烧过的砖头，这样房屋便不会被侵蚀。这些房屋通常彼此紧挨着，它们的界墙靠在一起，房屋的主人通过一扇狭窄的门出街入巷。而建在莫克斯地区的富裕人家的房子以及建在巴比伦尼亚其他城市类似公共区域的房子，会与较宽的街道乃至公共广场相连。但这些房子的四周会围起光秃秃的墙壁与外界隔绝，墙壁上不开窗户——一方面可与熙熙攘攘的过路者隔开，保证安全，另一方面也可阻隔热浪与尘土。作为对封闭空间的弥补，整栋建筑的内部会包含至少一个院子（一些大的住宅会有两到三个院子），院子的各个方向都可建供人居住的房屋。为对抗风吹雨打，房屋的屋顶会建造成水平的，屋顶上铺设一层编织的芦苇，上面再覆以稻草与黏土混合而成的覆盖物。

很显然，由于所使用的建筑材料问题，巴比伦的大部分房子极易受到天气状况和其他环境因素的影响，因此每年进行一次彻底翻新——重新抹灰——非常必要。显而易见，木材在巴比伦是一种昂贵的商品（因为树木在巴比伦非常少见），只是作为屋门的嵌板偶尔使用。露天的院子为房屋提供了光线，让空气流通，还可以同时作为娱乐和工作的场所。哈里特·克劳福德指出，在乌尔出土的不同房屋在尺寸上有很大的不同，从9.68到19.25平方英尺不等（在尼普尔也大致如此）。毫无疑问，不同房
35 屋之间尺寸的差别反映的是房屋主人在经济状况和社会地位上的差别。但是，大房子所发挥的作用不仅仅是展示主人的财富和地位，它们还可以用作屋主所从事的各行业的总部。

有时候，居住区内会有大小不同的房子彼此相连或者相邻。因此，有人认为居住区域划分的依据并不是社会阶层或者富裕程度，相反，城市各区域内不同大小的房屋组成的聚集区居住的是有亲属关系的家族。作为一种家庭传统，他们可能从事同样的行业或生意。

如果你有机会品尝到古巴比伦人售卖的所有食品的话，你会发现他们的饮食丰富而多样。这里有大量的鱼类，有时鱼贩子还会卖虾或者小龙虾，其他摊贩会出售不同品种的水果（比如椰枣、无花果、苹果和石榴等）、鸭蛋，还有蔬菜（比如莴苣、黄瓜、洋葱、鹰嘴豆以及萝卜等）。市场上供应的还有肉类，比如牛肉、绵羊肉和山羊肉等——但肉类没有那么普遍，在巴比伦人的饮食中也是相对比较昂贵的食材。在当季的时候，蝗虫会被做成发酵的酱类，给人们的饮食增添更多滋味和花样。所有这些食物都可以佐以一杯当地出产的啤酒。在特殊的场合，人们可能还会喝从美索不达米亚北部进口的（当然价格不菲的）红酒。这些饮品中还可以加入香草和调味料，这样喝起来会更有滋味。

城市里大小商人、手艺人以及从事其他活动谋生的人，日常大部分生意都是在城门附近进行的。他们的摊位通常就设在城门内外的市场，这里是人们进行大部分社交活动的中心。可以想象，这里尤其是城内居民与巴比伦尼亚其他地区乃至更遥远地区的旅行者之间交际活动的主要场所。这些旅行者从事的是贸易行业或者其他活动，他们也许是城中家族生意派出去远行的代表，现在回到家中。他们会分享旅途中的见闻，这些新鲜事总能在他们归来时为他们赢得热烈的欢迎。 36

城门是城市防御的一个重要部分。大部分城市都建有雄伟壮观的护城防御工事。城市人口的绝大部分要么住在城墙外周边的定居点，要么作为佃农、土地受让人、土地所有者的雇员等在城外的土地或者庄园里工作。巴比伦的土地所有者们包括宫廷成员或者代表国王对城市进行统治的地方官员。他们的耕地，包括果园以及枣椰树种植园在内，会一直延伸到城墙脚下。实际上，有时候城墙内部的区域也会有耕地。对于那些居住在城墙之外的外围“郊区”的人口而言，在敌人进犯时，有一个警报系统会向他们发出警戒，这些“郊区人口”才有希望及时拖家带口、赶着牲畜转移到城墙之内，或者藏身到附近的防御工事中临时避难。

从社会角度、商业角度以及战略角度来讲，城门是一个城市防御系统中最为独特的地方。但是面对敌人的攻击，城门也可能是整个防御系统中最脆弱的部分，因为一支军队包围城市后，即使未能攻破城门或者通过其他方式攻破城墙，他们也可以封锁城门，阻止人员和商品出入城市。如果成功封锁城门，最后就可以迫使城内的人因为没有办法得到生活必需品而投降。在巴比伦尼亚，有的城门会建在城市朝向陆地的一边，也有的城门会建在城市的主要河道或者港口旁。

在巴比伦尼亚，所有重要的城市中心要么建在两条主要河流即底格里斯河和幼发拉底河河畔，要么建在与这两条河流相连的运河和航道旁。无论在王国南部还是北部，港口或码头通常都是异常繁忙的商业活动区域，货物在这里从城市运出或者抵达。早在阿卡德帝国时期，美索不达米亚水道就与南部国家、
37 波斯湾（如最南端的马根）和阿拉伯海沿岸国家以及其他地区（如美路哈）建立了定期贸易联系。巴比伦商人从马根进口的商品包括木材、铜以及半宝石，从美路哈进口的商品有金、银、红玉髓、天青石，还有一种乌木（可能是黑檀木）。（从美路哈进口的商品可能源自其他地区。）

前面提到，国王的主要责任之一是修复国境内的神庙并建设新的神庙。每一个巴比伦尼亚城市内都有一座主神庙，或者一个供奉这座城市的守护神或保护神的神庙建筑群——巴比伦城供奉的是马尔都克神，尼普尔城是恩利尔神，乌鲁克城是伊阿娜（也叫伊什塔尔）神，乌尔城是南纳（也叫辛）神。除了主神庙之外，城中通常还有供奉其他神祇的庙宇。神庙作为巴比伦尼亚社会两个举足轻重的公共机构之一，在影响社会、文化、政治生活方面发挥着与王宫同等重要的作用。在巴比伦尼亚这样一个以农业为主要经济基础的社会，神庙作为重要的耕地拥有者，在王国的整体经济中发挥着至关重要的作用。城市的主神庙（至少）拥有一个占地几英亩由几栋建筑组成的区域，包括安置神祇的神殿，举行神明祭祀仪式的院落，还有众多用来储藏的房间，储藏敬奉神明和节日祭祀神明时所使用的全

套宗教用品。

在巴比伦之旅中，你可以看到的最不同寻常的历史遗迹是一种叫作庙塔的结构（见图4）。这也是不少巴比伦城市的特色之一。庙塔是一种阶梯形的建筑，一般在3至7层之间，每一层的面积比它下面的一层要小，呈金字塔形上升。我们只能确定庙塔是一种特殊类型的神圣建筑，但除此之外，尚不清楚庙塔确切的建筑目的或意义。有学者认为，庙塔是众神最初居住的圣山的一种替代品。最古老的庙塔建筑时间可以追溯至公元前3千纪。巴比伦尼亚的每一个主要城市都建有至少一座庙塔。这 38
些庙塔有的矗立在主神庙的建筑群内，有的自身便是一个宗教建筑群的中心。在巴比伦城，位于宗教建筑群内的庙塔也叫作“埃特曼安吉”。在《圣经》传说中，这些庙塔以“巴别塔”的名字为人们所熟知。传说上帝对建造这样一座彰显人类傲慢的纪

图4　乌尔城庙塔复制品（公元前3千纪）

念碑感到非常愤怒，于是他将负责建造这座纪念碑的人们分散在世界各地，并且“变乱天下人的言语”①，让他们再也无法相互
39 理解或合作（《创世记》11: 1—9）。

① 本书所引《圣经》原文，主要采用国际圣经协会1998年出版的和合版汉语译文。——译注

第四章

加喜特王朝

（约公元前 1570—公元前 1155）

加喜特人到来

约公元前1595年，赫梯人洗劫了巴比伦，古巴比伦王国灭亡，这在汉谟拉比王朝曾经称雄的地区留下一段时间的权力真空。事实上，在汉谟拉比王朝最后几位国王统治期间，威胁王国存在的因素就已经浮出水面，尤其是来自美索不达米亚北部和叙利亚北部胡里安人的威胁。但是在巴比伦灭亡之后不久，真正在汉谟拉比王朝的领土之上进行统治的第一批人是一群来自南部沼泽地区的人。他们被称为海国人。汉谟拉比的继任者萨姆苏-伊鲁纳在位时，海国人似乎就是巴比伦王国的一股破坏性势力。此后在王国末期，他们可能在南部地区建立了某种程度的统治，其势力范围也许还向北扩展到了尼普尔。还有一种说法是一位叫作戈尔基沙尔的海国国王攻占了巴比伦城，确切地说是巴比伦城曾经的所在地，登上了那里的王座。但这个传说只出现在古巴比伦王国灭亡之后的零星文字史料当中，因此未必准确。

无论真相如何，在约长达一百年的时间里，海国人阻止了
40 另外一个部族对巴比伦尼亚的统治。但这一部族最后还是控制了整个巴比伦尼亚，他们的统治一直持续到了青铜时代晚期的最后几年。该种族最早的居住地应该是在欧亚草原或者扎格罗斯山脉地区，到了古巴比伦王国末期，他们已广泛分布在巴比伦尼亚及其邻近地区，以一种相对平和的方式融入当时的巴比伦居民之中（见图5）。这一部族的人把自己叫作加尔族，但是我们把他们称为“加喜特人”，这个名字源自他们的阿卡德语名字“加氏”（kaššū）。加喜特人只是当时巴比伦尼亚众多移居民族中的一支，与他们一同居住在这里的还有亚述人、埃兰人、阿拉米人的先驱，以及其他种族。但加喜特人以其语言而和其他族群的人明显区别开来。

不幸的是，我们对于加喜特人的语言所知甚少。现存的加喜特语主要是专有名词，包括多位加喜特国王的名字、一些仅存的阿卡德-加喜特词汇，以及一些文字史料中出现的只言片语。其他资料中也偶然会有一两个加喜特词语出现。虽然信息非常贫乏，但我们依然可以判断出加喜特语与阿卡德语或其他任何一种闪米特语是毫不相干的。其中一个可能起源于加喜特语的名字便是加喜特人统治时期巴比伦尼亚广为人知的名字。同一时期近东王国的国王们将统治巴比伦尼亚的加喜特国王称为“卡尔杜尼亚什之地的国王”。

加喜特语没能流传至今，一个重要原因是，加喜特国王以及毫无疑问整个加喜特民族都迅速被他们的第二故乡巴比伦尼亚广泛使用的语言和风俗习惯所同化了。他们在书写和铭文中使

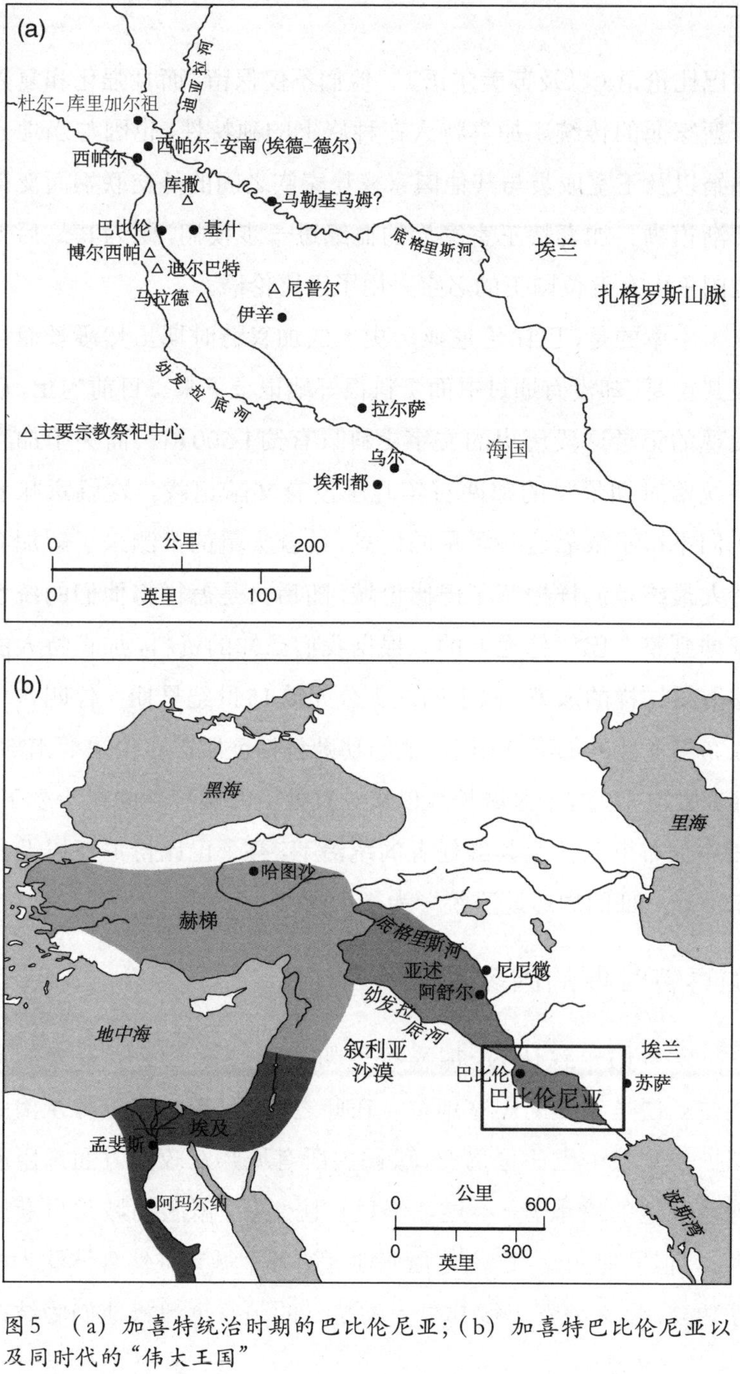

图5　（a）加喜特统治时期的巴比伦尼亚；（b）加喜特巴比伦尼亚以及同时代的“伟大王国”

42

用巴比伦语（以及苏美尔语）。他们不仅保留，而且强化和复兴了新家园的传统。加喜特人在种族上的独特性，也因与当地人
41 通婚以及王室成员与其他国家权势家族之间的外交联姻而变得日渐模糊。加喜特王室家族的血缘进一步模糊，因为其最后七位国王中有五位国王的名字采用了巴比伦语。

不幸的是，巴比伦尼亚历史上的加喜特时期虽然漫长而且极其重要，却没有通过书面资料很好地记录下来。目前为止，已发现的记录这段历史的文字史料只有约1 500篇。而关于加喜特统治时期最早的那两百年几乎没有文献记载。这就意味着我们不得不依靠这些零星的信息，结合大量的推测来了解加喜特人最终是怎样控制了巴比伦城，随后又是怎样将他们的统治延伸到整个巴比伦尼亚的。根据我们已知的资料，加喜特人能够取得这样的成就，似乎归功于公元前15世纪早期一位叫作乌兰布里亚什的加喜特国王，他的功勋包括征服巴比伦尼亚南部，而在此之前，这个区域长久以来一直处于海国王朝的统治之下。在乌兰布里亚什及其继任者的统治下，整个巴比伦尼亚以及其东部和南部的周边地区统一为一个国家。

加喜特时期的国家地位

学者们一致认为，加喜特王朝给巴比伦尼亚所带来的最大益处便是独立的国家地位。在此之前，汉谟拉比曾将统治版图扩展到整个巴比伦尼亚，版图内所有城邦在政治方面都臣服于他和他的继承者（不过在汉谟拉比之后，臣服的城邦日渐减少）。但即使如此，巴比伦尼亚地区的各个城邦依然视彼此为相互独立，没有凌驾于城邦之上的统一的国家意识将他们团结在

一起。自加喜特时期开始，巴比伦尼亚才作为一个国家而实际存在。从那时起，巴比伦尼亚王国才成为一个版图定义清晰的国家，有了明确的国界线。一些学者认为，直到这个时期，将美索不达米亚南部地区称为“巴比伦尼亚”才是确切的。由于巴比伦尼亚的统一以及加喜特统治时期该地区的繁荣稳定，加喜 43
特王朝的国王们才得以跻身近东世界伟大国王的精英俱乐部。同样具备“精英”资格的还有赫梯王国的国王、埃及和米坦尼王国的统治者（后者后来被亚述帝国取代）。（米坦尼王国和亚述帝国的中心地带都包含美索不达米亚北部地区的大块区域。）这些国王提及彼此时会将对方称作“伟大的国王”，并且彼此互称“我的兄弟”。另外值得注意的一点是，也是在加喜特时期，巴比伦语成为青铜时代晚期近东世界的通用国际外交语言。

毫无疑问，古巴比伦国家强大的政治团结和稳定是其文化和科学机构蓬勃发展的基础。这些并不是创新，而是古巴比伦王国巅峰时期已明显存在的各种习俗和传统的进一步演变和发展。加喜特的国王们以巨大的热情投入到第二故乡各种风俗和传统的保护、弘扬和进一步发展之中，而在这一过程中他们自己文化的痕迹则几乎消失殆尽。毫无疑问，加喜特人统治巴比伦尼亚时期所达到的政治稳定以及他们对国民原有传统和风俗的尊重，令巴比伦尼亚这片土地充满和平、安宁的景象，而这又有助于确保艺术和科学的繁荣，比如在文学、医药、数学、天文、音乐、美术及建筑领域内。

加喜特政权最重要的一项创新是建立了一个新的行政首都，位于现在叫作阿卡尔·库夫的地方。它地处现今巴格达的正西方，建在乌尔第三王朝和古巴比伦时期较早的城堡定居点上。加喜特人将这座城市叫作杜尔-库里加尔祖，意为“库里加尔祖的城堡”，名字源于创建者加喜特国王库里加尔祖一世（公元前15世纪晚期至约公元前1374年）。这座新都城比原来定居点的规模大得多，而且只是库里加尔祖下令修建的众多重要建设项目中的一个。除此之外，乌尔、埃利都和乌鲁克等城市也都
44 从库里加尔祖的建设活动中受益。我们不太确定这位国王另建一座新都的原因是什么。这座都城的背后可能确有商业和军事性质的实际战略考量。当然，它的建立绝对没有降低巴比伦的声望，巴比伦依然是王国的仪式和宗教中心（实际上也是王国许多商业和政治活动的集中地）。这一点与尼尼微和尼姆鲁德成为亚述王国的新首都之后，阿舒尔古城依然是亚述王国的仪式中心情况相似。

国际政坛上的加喜特人

这个时期，加喜特人已经和埃及人建立起外交和商业往来，后来巴比伦尼亚国王卡达什曼-恩利尔一世（约公元前1374—公元前1360）保持或发展了与埃及人的这种关系。从他与埃及法老阿蒙霍特普三世的几次信件往来中我们可以了解到这一点。在卡达什曼-恩利尔一世的继任者布尔那布里亚什二世（约公元前1359—公元前1333）统治期间，巴比伦尼亚王国进一步成为国际舞台上的活跃分子。在这一时期，邻国米坦尼与赫梯王国正进行着你死我活的较量。那时，当政的赫梯国王是强大的军阀苏庇路里乌玛一世，他逐渐征服了米坦尼的领土，包括它在美索不达米亚北部的腹地，这给布尔那布里亚什提供了可乘之机，他趁机将王国的领土向北扩张。虽然巴比伦尼亚王国向美索不达米亚

北部的军事扩张取得了一些进展，也帮助提升了巴比伦文化在那里的影响力，但米坦尼王国陷落后，那个区域留下的权力真空很快被东山再起的亚述帝国填充。

亚述帝国的重新兴起尤其要归功于一位有魄力的统治者阿舒尔-乌巴里特，他的统治从公元前1353年一直持续到公元前1318年。如果赫梯国王苏庇路里乌玛对亚述王国征服米坦尼的胜利成果只是略有担忧的话，那么布尔那布里亚什则一定因此 45
而大受震动，因为亚述的新势力来势汹汹，已经威胁到与其南部紧邻的巴比伦尼亚。但是，亚述国王阿舒尔-乌巴里特首先想要的是在外交方面获得国际上的认可。他通过自己的使节向埃及宫廷给出提案，清晰地表达了自己想要加入伟大国王精英俱乐部的意愿。对于亚述想方设法挤入国际舞台的这一做法，布尔那布里亚什向埃及法老埃赫那吞提出强烈抗议，他宣称亚述王国是他的附庸国，因此他们自己无权直接与埃及宫廷接洽。虽然巴比伦提出了强烈的抗议，但埃及法老还是热情而友好地接待了阿舒尔-乌巴里特派来的使节，这让布尔那布里亚什意识到，明智的做法应该是与亚述国王达成妥协。策略之一便是与阿舒尔-乌巴里特通过婚姻缔结同盟。后者并不反对，于是两国便真的联姻了。亚述国王将自己的女儿穆巴丽塔特-谢鲁阿送到巴比伦去，成为布尔那布里亚什的准新娘。

但这桩婚事最后却惨淡收场。布尔那布里亚什与穆巴丽塔特-谢鲁阿的孩子卡拉-哈尔达什在其父去世后继承了巴比伦尼亚王国的王位，但是新国王随后却被自己的一群同胞暗杀，亚述和巴比伦尼亚两国之间的联盟便因此分崩离析了。他们对一位血管中流淌着亚述血液的统治者非常不满，因此推举了一个无足轻重的加喜特人做国王。阿舒尔-乌巴里特为了复仇，率军大举入侵巴比伦尼亚的领土，攻占了巴比伦，处决了加喜特的新国王，然后扶植布尔那布里亚什的另一个儿子登上王位，这是第二位叫库里加尔祖的国王，即库里加尔祖二世（约公元前1332—公元前1308）。毋庸置疑，他希望这位新国王成为亚述统治者的傀儡，但库里加尔祖二世显然依靠自己的能力证明自己是一位有实力的国王。他统治期间最突出的成就是成功打击了威胁巴比伦尼亚东部边境的埃兰人，他率兵占领埃兰首都苏萨，大获全胜。

这里可以顺便提一下，布尔那布里亚什与赫梯宫廷之间通
46 过婚姻而缔结的同盟也一样以悲剧收场。这位巴比伦尼亚国王将一个女儿嫁到赫梯王国去，与苏庇路里乌玛结婚，为了迎娶她，苏庇路里乌玛抛弃了自己的原配妻子，自己五个孩子的母亲，给巴比伦尼亚公主让位。据苏庇路里乌玛的孩子穆尔西里（他是苏庇路里乌玛之后的第二任国王）的说法，这位从巴比伦嫁过来的公主给赫梯王室乃至整个赫梯王国都带来了厄运。她最后的结局十分悲惨，因为后来穆尔西里指控她谋杀了自己心爱的妻子。这位新国王剥夺了她所有的头衔，将她逐出王宫。我们无从得知他的做法对于赫梯和巴比伦之间的关系有无影响。

库里加尔祖二世登上巴比伦尼亚王位后，亚述王国和巴比伦尼亚之间的紧张关系应该缓和了一段时间，但在库里加尔祖二世的儿子那兹-玛鲁塔什（约公元前1307—公元前1282）在位期间，两国的关系再次剑拔弩张。若干年后，那兹-玛鲁塔什和亚述国王阿达德-尼拉里一世（约公元前1307—公元前1275）似乎才就两国之间的边界问题达成了一份友好协议。两国和平相处了一段时间，但相对两国之间的敌意和紧张局势而言，这也只

是一次短暂的缓和。

在军事行动方面，加喜特时期的巴比伦尼亚人在美索不达米亚以外的国际政坛上所扮演的角色极其有限，只在东部偶尔开展了一些（针对埃兰王国的）军事行动，在幼发拉底河以西地区则没有什么重要活动，因为他们显然对那一带没有什么扩张版图的野心。即便如此，同一时期的其他大国，尤其是埃及和赫梯王国的国王还是给予了巴比伦尼亚国王同等的地位。对他们来说，培养与巴比伦宫廷之间的良好外交关系显然非常值得——毫无疑问，主要是因为这种密切关系可以给他们带来物质和文化方面的利益。在某些时期，埃及和赫梯国王也将他们的巴比伦尼亚国王“兄弟”看成对抗亚述王国的潜在军事同盟（实际上这个同盟并没有达成），但这并没能明显遏制亚述的扩张野心——这种野心在亚述国王图库尔蒂-尼努尔塔一世（约公 47
元前1244—公元前1208）统治期间相当明显。他在美索不达米亚北部将一支赫梯军队打得落花流水之后便将注意力转向了南方，入侵了巴比伦尼亚的领土，征服了这个王国，用链子将当时的国王卡什提里亚什四世（约公元前1232—公元前1225）带回了亚述。

但这只是一场短暂的胜利。在亚述国内，反对图库尔蒂-尼努尔塔的呼声日益高涨，而在他管辖的其他地区，军事上的失败最终导致这位国王在公元前1208年左右被暗杀。由于亚述王国政治动荡，卡什提里亚什后来的继任者之一得以抓住机会，领导巴比伦尼亚王国重新获得独立，加喜特王朝的统治因此得以延续到公元前12世纪中叶。埃兰人随后突然入侵，结束了巴比伦尼亚最后一位国王恩利尔-那丁-阿黑（约公元前1157—公元前

1155）的统治，加喜特王朝突然灭亡。国王死后，巴比伦尼亚王国先后臣服于一系列无足轻重的王朝，直到亚述人再一次征服它。

加喜特人对近东文明和文化的贡献

在考古领域，加喜特人时代的巴比伦尼亚留给我们的遗迹非常少。与古巴比伦王国时期相似，巴比伦城本身可提供的物质证据相当贫乏，因为加喜特时代的城市高度大部分都位于现代地下水位之下。但是城市中心的莫克斯地区还保留着一些加喜特时期的房屋、几座陵墓，以及一些据推测是瓷窑的遗迹。加喜特时期的行政首都杜尔-库里加尔祖留下了很多有价值的遗迹，而早在苏美尔早王朝时期就崛起的城市，比如乌尔、拉尔萨和尼普尔等，加喜特人留下的遗迹也很丰富。这几座城市在加喜特历史时期的遗迹表明，青铜时代晚期的统治者们给予了它们足够的荣耀和尊重。毫无疑问，国王们这样做是因为这几座
48 城市所保留的古代遗物非常珍贵。

有时候，人们会批评加喜特人，认为他们态度保守，不求进步，导致巴比伦尼亚社会在他们统治期间处于“停滞不前”状态，认为他们太急于全盘吸收他们所占领和统治国家的文化和传统，从而丢掉了自己原本的特性，但这种批评是不公平的。事实上，巴比伦尼亚历史上的加喜特时期是文化和精神领域都充满勃勃生机的一个时期。加喜特统治者给这片土地带来的政治稳定毫无疑问是其中主要的原因。他们从政治上和平统一了这个国家，拥有高效而有序的官僚体系，并且尊重这个国家固有的传统和习俗。他们热情洋溢地拥抱这一切，将它们消化、吸收又

发扬光大。他们将这些事情做到了极致，结果反而导致他们原本的文化和民族特点让后人几乎一无所知。唯一可以让我们毫不犹豫地归结为加喜特原本文化影响的一点是养马技能和战车技术方面的重大发展。但其实除了这些特别的加喜特特色之外，加喜特巴比伦尼亚人对于广阔的近东世界的影响也非常巨大。

我们前面提到，巴比伦语成为整个近东世界通用的外交国际语言就是在这一时期。说到这一点，就需要了解加喜特文明在近东文学史上所扮演的至关重要的角色。正是在这个时期，我们所说的“标准巴比伦方言”才得以发展，从此以后，在公元前2千纪的剩余时间，乃至公元前1千纪的大部分时间里，这种文学方言在整个美索不达米亚和近东世界其他地区被广泛使用。标准巴比伦方言版本的《吉尔伽美什史诗》这部公元前1千纪里最著名的文学作品便是这种文学方言最引人注目的例子。与苏美尔和其他早期文明的许多文学“经典”类似，这部作品能够流传下来，主要归功于加喜特巴比伦尼亚时期统治者们对于历史悠久的美索不达米亚文化传统的保护、培育和资助。

传统的巴比伦尼亚宗教也得到了加喜特统治者的扶持和保护，他们对于传统宗教习俗的发扬，以及王国内许多神庙在加喜特政权的资助和支持下都得以修缮和复原便是证据。这一时期宗教的显著特点之一是宣扬对主神马尔都克的崇拜，从而使马尔都克成为巴比伦万神殿中最伟大的神，具有高于美索不达米亚世界曾经的至高神恩利尔的权威。

由于美索不达米亚南部基本原材料尤其是木材和金属的缺乏，国际贸易活动对于巴比伦社会的繁荣和发展至关重要。

在加喜特时期，贸易往来向东扩展至阿富汗（可能还到达了印度），向西扩展到爱琴海地区，向西南扩展至埃及。巴比伦尼亚与其北方邻国亚述之间虽然彼此敌视和冲突不断，但也保持了频繁的贸易往来，尤其是在公元前13和14世纪。巴比伦进口了许多奢侈品，包括一些宝石和红玉髓、天青石这样的半宝石，还有似乎产自遥远印度的奇珍异宝。1887年在埃及的埃尔-阿玛尔纳（即古城埃赫那吞）出土的泥石板阿玛尔纳书信告诉我们，加喜特巴比伦尼亚时期还从埃及进口了大量的金子。这些书信是公元前14世纪中期埃及法老与其他国王以及臣服于他的统治者之间的书信往来。

为进口货物，巴比伦尼亚人出口各种各样的产品，有纺织品，还有由技艺娴熟的手艺人、宝石匠以及金银匠制造出来的产品。马匹似乎也是巴比伦尼亚出口的货物之一。其他国家从巴
50 比伦尼亚进口这些马匹用于繁殖以及军事和非军事交通运输。

巴比伦尼亚人还以擅长医药而闻名。赫梯国王哈图西里与巴比伦尼亚国王卡达什曼-恩利尔二世之间的通信便可以证明这一点。后者在写给哈图西里的信中抱怨这位赫梯国王没有将巴比伦尼亚派到赫梯宫廷暂时服务的两位医生和一位解读符咒的祭司归还巴比伦尼亚。哈图西里则回信说，两位医生中，一位（在接受了一大笔贿赂之后）决定留在赫梯首都，另一位死掉了，而负责解读符咒的祭司则消失不见了。但哈图西里似乎对此无所顾忌，接着说他想在自家的宫殿里放置几座雕像，希望他的皇家兄弟巴比伦尼亚国王能派给他一位雕刻家。那个时候的巴比
51 伦尼亚人是作为熟练的艺术家和医药从业者而闻名于世的。

第五章

文字、书吏以及文学

早期历史时代的文字

目前已知的近东地区最早的文字来自美索不达米亚南部的城市乌鲁克。这种书面文字记录可以追溯至公元前3300年，是简单的象形文字，用来记载诸如一个人拥有多少牲口或者种植了多少粮食。人们普遍使用黏土作为材料，将文字刻印在黏土表面。这种做法在近东世界使用了将近3 000年，用于绝大多数书写记录。但是，这种早期的象形文字很快被一种我们称之为楔形文字的书写系统所取代。这种文字由一系列的楔形符号组成。书写者将采集自美索不达米亚或者其他区域河流两岸的芦苇削尖，将三角形的尖端压印在软泥板上，因而文字线条成楔形。苏美尔人与这种书写符号的演变密切相关，到了公元前3千纪末期，这种文字已经演变成一种极其复杂的媒介，用于社会、商业、政治方面的交流，以及文档记录和文学表达。楔形文字是近东文明历史时期第一阶段的主要特征之一。

到了古巴比伦王国初期，苏美尔人和他们的文明已经变成过去的历史记忆，苏美尔语也不再是人们的口头语言，取而代之
52 的是阿卡德语。这种语言，或者更确切地说巴比伦的阿卡德语，成了古巴比伦王国主要使用的日常语言。虽然苏美尔语那时已经成为死语言，人们交谈时不再使用它，但它在巴比伦尼亚社会受过教育的、具有修养的阶层中依然受到推崇。苏美尔语中重要的文学作品，比如关于一位叫作吉尔伽美什的乌鲁克国王的史诗，被保存下来并翻译为阿卡德语。

书吏学校

在古巴比伦，保存苏美尔文化遗产最重要的机构是年轻男子为将来成为书吏而接受训练的学校。这种机构叫作“埃杜巴”。一些学者认为，从古巴比伦时代起，虽然人们普遍具备基本的读写能力（即阅读和书写简单文件的能力），但只有一小部分巴比伦人掌握了较为复杂的阅读和书写技能，包括阅读和书写技术性和学术性文件的能力。在那时，掌握最高级的读写能力这件事情本身就是一项令人望而生畏的挑战，因为最发达的楔形文字系统包含500个以上的音节和概念符号，要想掌握它们就需要进行严苛的课程学习。

但这些书吏学校并不仅仅是学习高级阅读和书写技能的地方。学校的课程涵盖了许多知识分支，包括数学、天文、语法、音乐和土地测量，还包括学习神圣的苏美尔语。（有一句古老谚语是这样说的：不会苏美尔语的书吏不是合格的书吏。）这样，苏美尔语的词语表以及含有巴比伦语释义的词典便得以流传下来——这些都是要背下来的。作为苏美尔语学习过程的一

部分，学生们需要一遍遍抄写苏美尔文学中流传下来的著名作品。我们非常感谢这些古巴比伦的书吏学校，感谢他们当时使用的词汇列表和抄写练习，因为我们对苏美尔文学传统的许多 53 了解都依赖于当时的学校环境保存下来的文本。学生们在校学习的时间很长——从日出到日落——还需要从年纪很小的时候便入学读书，一直到将近成年时才能毕业。学校纪律严格，学生们如果学得不好，或者不会学以致用，或者调皮捣蛋，都会受到鞭笞。

但是，对于书吏学校里那些优秀学生，学习的回报也很丰厚。他们拥有绝大多数同胞都没有掌握的技能，在一个连国王可能都只有基本读写能力的社会里，书吏是这个社会能够存续的重要因素。这种职业基本是男性的专利（虽然我们确实也发现了几个女性书吏的个案）。但即便对于男性，书吏教育这种特权也不面向社会全体人群。大部分情况下，书吏是一个局限于某些精英阶层家庭的行业，在这个行业接受训练的权利需要从父亲那里继承。不同的书吏家庭也各有专攻，某些家庭或者宗族垄断了与书吏活动相关的某个特定领域，比如驱魔仪式或天文领域（这种情况只在公元前1千纪前真实存在）。

在书吏学校接受基本教育，习得阅读和写作方面的能力，并且学会苏美尔语之后，一些学生便开始学习与宫廷事务管理相关的学科，以便为将来的生计做准备。大部分选择这种课程的学生会在宫廷服务系统内做文书工作，这与我们现代官僚体系中的公务员颇为相似，但其中一些学生将来会在宫廷行政体系内担任更高的职位，也许会成为国王本人的顾问，在包括对外政策和外交关系等一系列事务方面向国王提供建议。很明显，还

54 有一些书吏会选择做自由职业者，给人提供写信或者读信服务。

占卜

对于在书吏学校完成了基本训练的学生而言，另外一个选择是在特别资深的导师或者教师的带领下（可能就是他们自己的家人）在占卜这一备受尊重的行业进行深入的学习。这同样会给他们带来显赫的地位。用最简单的语言来讲，占卜是在超自然的力量或者神明力量的帮助下了解未来的一种行业。纵观巴比伦尼亚历史，占卜扮演了重要的角色，塑造了巴比伦尼亚世界，乃至整个古代近东世界居民的生活、计划和活动。占卜的一个基本原则是，如果一个人知道过去所发生的某一事件的结果，那么就可以通过占卜来预测将来另一个相似事件的结果，这样人们就可以为这一结果的出现提前做好准备，想办法避免或操纵这一结果。巴比伦社会的所有阶层，下至最卑微的劳动者和仆人，上至社会最精英的阶层，包括国王本人，都会进行占卜，并对占卜结果深信不疑。

占卜与单纯的算命不同。它被看作巴比伦尼亚生活中最根本、最重要的科学之一，只有技艺娴熟的专业人员才能从事这种活动。他们就公共事务及私人生活中的重大事件向人们提供咨询服务。在国家事务方面提供咨询的占卜师有权查阅官方文档中的历史事件及其结果的详细记录。书吏中有一个专门群体，他们的重要任务之一便是将所有这种信息收集起来，并在新的事件发生后对资料进行更新，另外他们还会对记载这些信息的数量庞大的泥石板进行整理和分类，这样将来再需要针对此类事件进行咨询时，可以方便占卜师参考。

但就其本质来看，占卜意味着与这位或者那位神明进行沟通交流。在占卜过程中，占卜师需要解读诸神所给予的各种兆象，这些迹象与（例如）正在计划的某项事业或降临大地的灾 55
难有关，如瘟疫或干旱。占卜的目的是希望获得神明对这项事业的认可，或者确认触怒神明的原因，了解国家为什么会遭受惩罚。解释神明意志的方法不尽相同。可以观察分析动物的内脏，分析油点滴在水面上的分布图案，观察动物的行为比如鸟群的飞翔，也可以解读天上或者地下的各种自然现象，比如雷电、冰雹或者地震等。

占卜的重要部分是通过获得兆象的方式向神明请求，比如将牲羊祭祀后观察它的肝脏等。占卜师会观察某种特别的天象，或者鸟类或其他动物的某种特殊行为，然后查阅以往的卜辞记录，来判断过去出现这种情况时的结果是什么。也许可以这样解释：如果国王考虑发动一场战争，或者商人想进行某项商业活动，他们会献上一只牲口，然后占卜师通过观察动物的内脏来预测这项任务未来的成败。他判断的依据是以往的占卜中动物内脏的相似征象是吉兆还是凶兆。

作为创意艺术家的书吏

虽然处于社会的最高阶层，书吏们接受教育的目的不仅仅是成为抄写员、文员，或者顾问，或者成为神明旨意的解读者。巴比伦尼亚世界里一些伟大的学者也基本都是书吏训练机构的产物，他们之中的某些人凭借自身的能力成为重要的创意艺术家。《吉尔伽美什史诗》的第一个版本，即所谓的古巴比伦语版，就是古巴比伦时代一位不知名书吏的杰作。在本章的后半部

56 分，我们还会提到这部作品，这里只是指出，虽然苏美尔语中也有不少关于吉尔伽美什这个人物的诗歌，而且也许还有其他一些相关主题的诗歌被翻译成阿卡德语的巴比伦方言，但《吉尔伽美什史诗》这部作品本身是由一位接受过巴比伦书吏学校教育的巴比伦学者创作出来的。

加喜特时期的书吏教育继承和发扬了古巴比伦书吏学校的传统，在保护和发扬巴比伦尼亚文化传统方面发挥了重要作用。但是，加喜特的学者书吏们所做的远远不止重新抄写古巴比伦时代文献，他们还将流传下来的许多文字进行了大规模的改编和修订，并在巴比伦原有文本库的基础上增加了许多新的文本。他们还扩充了占卜和驱魔仪式方面的文字史料，并整理成不同的系列。承担这些项目的人被称为“中巴比伦时期学者”。他们贡献了许多作品，我们将这些作品称为“标准版”巴比伦文本，其中就包括《吉尔伽美什史诗》。在这个时期，学者们在最初的古巴比伦版本故事的基础上进行了许多扩充和修改。

加喜特学者们也创作了很多新的作品，其中一些作品形成了一种新的文学类型，我们将其称为“智慧文学”[①]。这种类型的作品与一系列的道德和伦理问题有关。整体而言，公元前2千纪的最后几百年，包括加喜特时代晚期，是巴比伦尼亚文学史上非常活跃的一个时期。但在这一时期，叫作“埃杜巴”的书吏学校似乎已不复存在。教育基本成为少数贵族家庭所特有的权利。

---

① 即箴言和寓言，包括谚语熟语、格言警句、寓言幽默、对话争论、谜语等。——译注

楔形文字的衰败和消亡

这一时期的许多作品，包括那些抄写和改编自早期时代的作品能够留存至今，很大一部分原因是它们被保存在公元前7世纪新亚述帝国国王的图书馆里。这些图书馆中，尤其值得一提 57
的是国王亚述巴尼拔在尼尼微古城的宏大图书馆。这座图书馆是公元19世纪考古队在发掘尼尼微古城的时候发现的。亚述巴尼拔将从王国各地搜集来的书籍填满这座图书馆，就在一个世纪后，楔形文字这种书写系统便迅速消失。这种文字在巴比伦尼亚保存在学术传统中，确实又多流传了几个世纪，直到公元1世纪末期。然而，不可避免的是，楔形文字还是被阿拉姆语所取代。这是一种更加简单的字母文字系统，在国际上作为外交语言使用已久。使用楔形文字所书写的丰富文学世界彻底消失，随着它们一起消失的还有用楔形文字所书写的文明所包含的一系列丰富知识。直到19世纪刻有楔形文字的泥石板档案重见天日，这种语言才被破解，人们才重新认识这一古老书写系统所构成的文明。

巴比伦尼亚文学作品选介

现在，我们简要介绍一下巴比伦尼亚文学中得以流传至今的一些重要作品。它们经过几代书吏的抄写，有时候会加上一些改编，最后在亚述巴尼拔的图书馆中保存下来。这里将介绍其中三部作品。最后一部便是最著名的《吉尔伽美什史诗》。

第一部作品是《创世史诗》，也经常被叫作《埃努玛·埃利什》，这个名字来源于史诗的起首句“埃努玛·埃利什”（意思是

"天之高兮")。这部作品大约是在加喜特时代创作的(至少我们现在看到的这一版本来自加喜特时代)。作品长约1 092行,写在七块泥石板上。虽然开篇讲到了创世,但这首诗实际上并非以此为主题。它实际讲述的是原始海洋女神提亚玛特与马尔都克之间的战争。海洋女神创造了一群凶猛的怪物来帮助她,而马尔都克则率领一支由晚生代神祇所组成的军队。这场战争的最后获胜者是马尔都克一方。他杀死了提亚玛特,将她的身
58 体分成两半,创造了天空和大地。马尔都克则成为巴比伦众神中的主神(这是他在参加战争前所要求的回报,而他的胜利也得到了众神认可),他又给每一位神祇都分配了具体的职责,划分了范围。为了让众神有劳力可以指使,马尔都克用名为"金固"的神的鲜血创造了人类,因为当初就是他煽动提亚玛特挑起战争的。主神马尔都克的最高成就是建造了巴比伦这座城市。为了纪念他的事迹,巴比伦每年新年节的第四天晚上都会上演这部史诗。

另外一部著名的巴比伦尼亚文学作品和《创世史诗》有若干相似之处。《阿特拉哈西斯史诗》(也称为《阿特拉姆哈西斯史诗》,意思是"极具智慧者")全诗长1 245行,其留传至今的版本便是古巴比伦时期的版本。然而,这部史诗的起源可以追溯至更早的时期,它有许多版本流传于美索不达米亚不同的历史时期。故事中讲到,主人公阿特拉哈西斯出生的时候人类尚不存在。在这样一个远古时期,低阶层的神祇不得不承担所有的体力劳动。他们因此心生不满,反抗之心日盛,此时高阶层的神明及时应对,杀死了起义军中一个低阶层的神祇,用他的身体创造了人类,接手了之前地位卑微的神祇们不得不承担的琐碎而

沉重的工作。但是人类很快也带来了不少麻烦，于是诸神决定利用一场大洪水让他们全部灭绝。诸神之一恩基将这一即将来临的灾难告诉了他的人类信徒阿特拉哈西斯，催促他建造一艘大船，这样阿特拉哈西斯和他的家人才从这场大灾难中幸存下来，人类也因此没有完全灭绝。

阿特拉哈西斯的故事之所以引发了研究者们特别的兴趣，是因为它是历史上已知的第一部描述大洪水的文学作品，是许多古老的洪水故事的开山之作。从这部作品衍生出很多关于大洪水的故事，比如标准巴比伦版本的《吉尔伽美什史诗》中乌塔-纳匹什提姆所讲述的故事。不少学者认为，《圣经·旧约》中
诺亚的故事也是从阿特拉哈西斯的故事演变而来。 59

另一部作品《吉尔伽美什史诗》是世界文学文库中的一部经典巨著（见图6）。它是史诗类体裁作品的开山作之一。它对古典时代最卓越的作品荷马史诗《伊利亚特》和《奥德赛》，以及维吉尔的代表作《埃涅阿斯纪》都有深远影响。在《吉尔伽美什史诗》中，主人公吉尔伽美什原本是乌鲁克城一位暴虐无道的统治者，他抛弃自己的城市，和同伴恩奇都开始了一系列冒
险。但后来恩奇都在痛苦的煎熬中死去，吉尔伽美什受到触动， 60
踏上了寻找永生不死奥秘的征途。他找到一位永生不死的人，名叫乌塔-纳匹什提姆。他告诉吉尔伽美什，人类在大洪水中灭绝之后，只有他和妻子存活下来，神明赐予他们永生不死的生命。虽然他们可以不死，却没有永葆青春的能力，所以现在他只是一个虚弱干瘪的老人。为了让吉尔伽美什明白自己有一天终将死去，乌塔-纳匹什提姆让他尝试一周不睡觉，这是对他的试炼。但是吉尔伽美什没能通过这个试炼，他追求永生不死的征

图6　吉尔伽美什

程以失败告终。接着，故事的主人公又经历了一系列冒险，最后返回自己的城邦乌鲁克。但此时的他在经过许多历练之后已变成一个更加富有智慧的人。吉尔伽美什接受了自己终有一天会死去的命运，做好心理准备，决定重新担负起作为乌鲁克国王的职责，用正义和智慧来统治他的人民，带领乌鲁克走向辉煌。

《吉尔伽美什史诗》是一个关于人类的脆弱与渴望的故事，尤其讨论了“死亡不可避免”这一主题。在美索不达米亚这样一个大背景下，这一点显得尤其辛酸，因为该史诗认为人死后的世界充其量只是一个单调而阴暗的世界，没有什么可期待的。这种思想本身就是鼓励人们充分享受现世的一切。史诗中自始至终还贯穿着几个次主题：友谊与失去挚爱的哀恸，傲慢与随之而来的惩罚，旨在动摇主人公心志的物质享受，文明的诱惑对于纯真的腐化，以及与权力伴随而来的责任等。

几乎可以肯定，吉尔伽美什是一位真实存在的历史人物（在最早的故事中，他的名字叫作比尔伽美什），生活在公元前3千纪上半叶，是苏美尔的城邦之一乌鲁克的国王。讲述这位国王英雄事迹的故事可以追溯至公元前3千纪。大约在那个千年即将结束的时候，这些故事首次被记录下来，以书面形式流传，其中有五篇得以留存。但是，一直到公元前2千纪的早期，我们所知道的阿卡德语的巴比伦方言版《吉尔伽美什史诗》才被创作出来。这第一个版本也叫“古巴比伦语版”，全诗长约1 000行（这个版本目前只有在不同地点发现的残片保留下来）。虽然这个版本的部分内容取材于原本已有的吉尔伽美什故事，而且这些故事的常见主题也都与生老病死、永恒的声誉和永生不灭等有关，但这个版本从故事的主题、次主题以及人物性格推进方面来看，本质上依然是一个原创作品，它将这些元素巧妙地融入该史诗的结构中。人们普遍认为这个版本具有“特色鲜明”“人物生动”“简洁优美”等特点。 61

古美索不达米亚绝大多数枯燥无味的文字已经湮没于历史

长河中，然而这个时期还是出现了一些或多或少流传下来的文学作品。在古代世界的文学文库中，《吉尔伽美什史诗》可能一开始并没有被赋予特殊的地位，然而，即便主要作为书吏学校学生们的练习，它还是常常作为“经典”文学之一，在几百年中被不少国家一代又一代的书吏们一而再，再而三地抄写。我们前面已经提到，加喜特巴比伦尼亚时期的君主们将巴比伦尼亚以往许多风俗和传统都保留下来，而《吉尔伽美什史诗》便是他们这种政策在文学方面的受益者之一。近东世界不少地区都有这部史诗的抄写版，这也说明巴比伦尼亚与国际社会在外交、文化和商业方面的联系日益紧密。这一史诗通过抄写从一代人传给另一代人，从一个国家传到另一个国家，与此同时，它也得到许多完善和改编。

但是，《吉尔伽美什史诗》最大的变化出现在公元前2千纪的最后几百年里。这个时候，被称为这一史诗的“标准版”出现
62 了，这也是现在最为我们所熟知的版本。传统观点认为，一位名叫辛-乐切-乌尼尼的人是这个版本的创作者。他的职业是驱邪法师，大约生活在公元前13世纪到公元前11世纪之间。该史诗的标准版比古巴比伦语的残缺版本要完整得多（虽然这个版本依然有不少内容缺失）。通过将这个标准版与流传下来并且相对较为完整的古巴比伦版的章节进行对比，我们发现，标准版的创作者在没有改变原来版本基本故事脉络的基础上，对老版本做了很大的改动。古巴比伦版中有些段落被几乎原封不动地照搬，有些做了轻微改动，但在其他一些地方，标准版创作者的写作与原版本有明显的不同，增加了新的前言，删掉了原来的部分情节，加入了新的情节，并明显扩展了原来的内容。

在标准版中，吉尔伽美什的故事包含11个部分，每块泥石板上有一个故事。第11块泥石板上关于大洪水的描述篇幅极长，可能原本并不是古巴比伦版中原有的内容。原诗中对大洪水即便有所涉及，也只是简短提及而已。就完整的形式而言，这11块泥石板包含了约3 000行诗节（只有其中的60%留存下来），成为迄今为止美索不达米亚文学中最长的作品。后来在这些内容之上又增加了第12块泥板，但它实际上并不属于原诗的一部分。最后这块泥板的名字叫作“吉尔伽美什、恩奇都与冥界”，是将一首苏美尔语诗歌的部分内容翻译成阿卡德语。这个部分讲述的是恩奇都前往冥界寻找吉尔伽美什掉落在那里的各种物品。他被困在冥界，后来终于得到允许，灵魂返回生界，并向吉尔伽美什讲述了冥界的情况。

63

第六章

漫长的幕间休息（公元前12世纪—公元前7世纪）

处于世界剧变中的巴比伦尼亚

公元前12世纪早期，希腊和近东世界被一系列灾难性的剧变所震动。引起这些剧变的原因目前学者们仍有不同意见。他们提出了不同的理论，指出剧变的原因可能是大批外敌的入侵、经年累月的干旱、触目惊心的地震、国际贸易网络的坍塌，或者以上种种天灾人祸的结合。但是，无论这些剧变的确切性质和起因到底是什么，它们最终造成了青铜时代的终结。包括赫梯王国在内的几个青铜时代的主要文明古国崩溃了，埃及从叙利亚-巴勒斯坦地区撤出，它作为主要世界强国的荣光不复存在。

赫梯和埃及对幼发拉底河西部地区几个附庸国的统治结束了，这对于该地区地缘政治的构成产生了深刻影响。这些变化发生的几个世纪我们统称为“铁器时代”。这个时代出现了一些建立之初便拥有独立身份的小国。这些国家有的脱胎于以前青铜时代的附庸国，有的则完全是新成立的。在美索不达米亚

北部地区，亚述王国基本没有受到近东世界其他地区剧变的影响，而且事实上还一度更加繁荣，将领土拓展到幼发拉底河以西 64
地区。但是到了公元前1千纪末期，亚述王国也开始走向衰落，这种颓势一直持续到公元前10世纪晚期新亚述帝国开始东山再起，称霸一方。

所有这一切为我们提供了巴比伦尼亚历史时期的一个广阔背景，这个时期跨越了几个世纪，从公元前12世纪中叶加喜特王朝衰落一直到公元前7世纪末新巴比伦帝国崛起。在这几个世纪的进程中，巴比伦尼亚这片土地见证了几家王朝的兴起衰落，其中大部分王朝衰弱而短命，反映了巴比伦尼亚在政治和军事际遇上的频繁衰退和偶然兴起。这一时期可以被认为是巴比伦尼亚历史上一个漫长的幕间休息——虽然从物质文化方面来讲，新巴比伦尼亚时期是直接脱胎于其中的。在巴比伦尼亚历史上，这是一个记录极少、平庸无奇的阶段。本章我们将简要介绍这个阶段里相对突出的几个主要特色和亮点。

据巴比伦王朝国王名单记载（古巴比伦尼亚史料中保存了几个不同的版本），加喜特王朝结束之后，巴比伦尼亚由伊辛第二王朝这一世系的君主统治。该王朝先后共有十一位君主（他们之间似乎不是所有人都有血缘关系），王朝的统治始于公元前1154年，止于公元前1027年。虽然这个王朝的名字叫作伊辛第二王朝，但这十一位君主大多将国都设在巴比伦。其中最著名的是第四位君主尼布甲尼撒一世（约公元前1126—公元前1105）。他之所以有名，是因为他率兵入侵了埃兰国。在这一创举中，他洗劫了苏萨古城，从那里带回了几十年前埃兰人入侵巴比伦尼亚时作为战利品劫掠的马尔都克神像。

由于尼布甲尼撒的胜利，巴比伦人的民族自豪感重新复苏。这种情况一直持续到了他的第二位继任者（也是他的弟弟）马
65 尔都克-那丁-阿黑（约公元前1100—公元前1083）统治期间，那时又与亚述王国之间爆发了新的战争。除此之外，我们对于伊辛王朝统治巴比伦尼亚期间的情况所知甚少。我们也不了解是什么情况使伊辛王朝政权最后被巴比伦尼亚最南端的海国王朝所取代。这个叫作“海国第二王朝”的新政权先后有三位统治者（从名字推测他们应该是加喜特人血统），他们的统治只维持了二十年（约公元前1026—公元前1006），随后便湮没在历史的尘埃中。在他们之后出现了几个默默无闻的朝代，先是同样具有加喜特血统的巴兹王朝（约公元前1005—公元前986），这个王朝有三位君主，接着是所谓的“埃兰王朝”（约公元前985—公元前980），这个王朝只有一位统治者。

环境因素与新的部落族群

这个时期，环境因素大大影响并塑造了巴比伦尼亚的发展。有一点尤其值得一提：公元前2千纪即将结束时，幼发拉底河的主要河道大幅向西偏移。这对最南端的地区也许没有什么影响，因为那里的河道只是发生了微小的变动，但巴比伦尼亚北部冲积平原上的城市和其他定居点可能因为河流改道而损失严重，因为这导致可灌溉土地的面积大大缩小，盐碱地数量增加。随之而来的结果是该地区经济生产能力下降，而这又使得整个国家的贫困人口增加，城市和乡村定居点人口数量下降。

雪上加霜的是，凶悍的阿拉姆部族一直试图入侵王国边境地区以扩大版图，并企图控制重要的贸易路线，进一步加剧了

王国的动荡。阿拉姆人使用的语言叫作阿拉姆语，属于西闪米特语的一支。阿拉姆部族自公元前2千纪晚期开始便广泛分布 66
于近东世界。到公元前2千纪结束时，他们已建立了不少城邦，尤其是在美索不达米亚、叙利亚和安纳托利亚东部地区。阿拉姆人的一些部族首领后来在巴比伦尼亚历史中扮演了重要的角色。但公元前10世纪晚期，亚述人再次成为巴比伦尼亚最严重的威胁，这个威胁在亚述国王阿达德-尼拉里二世（公元前911—公元前891）统治时期变成现实，他打败巴比伦国王沙玛什-姆达米克，占领了巴比伦王国。

接下来，我们要介绍的是后来在巴比伦尼亚历史上将要扮演越来越重要角色的一个部落族群。在阿卡德语中，他们被称为“卡都”。在英语中，他们被叫作迦勒底人，这个名字来源于希腊语中的*Chaldaioi*一词。迦勒底人所说的语言也是西闪米特语族中的一支。他们大约在公元前10世纪或者11世纪的某个时期从西北方向进入巴比伦尼亚，但随后却在幼发拉底河南部沿岸和靠近波斯湾顶端的海国沼泽地带建立了定居点。迦勒底人似乎与阿拉姆人有一些共同点，但我们所掌握的古代史料却明显将这两个部族区分开来。另外，这些史料将迦勒底人分为五个部落，其中最重要的三个部落分别是比特-达库瑞部落、比特-阿姆卡尼部落和比特-雅金部落（“比特”的意思是“族”）。

虽然许多迦勒底人来到巴比伦尼亚之后仍然延续着游牧或者半游牧的生活方式，但还有一些伽勒底人似乎很快便喜欢上城市生活，建立起自己的乡镇和城市，紧密地融入了巴比伦尼亚的社会和政治生活。有些伽勒底人甚至有了自己的巴比伦尼亚名字。虽然如此，他们依然保持着自己传统的部落结构和独特身份。一些迦勒底人通过大规模发展牲畜产业而拥有了大量收入，加上他们的许多定居点在主要贸易路线上占据着非常优越的地理位置，因而这些人变得非常富有。部族的一些首领后来成为巴比伦尼亚政坛上呼风唤雨的人物，而且其中有几个人实际上还一度登上巴比伦尼亚的王位。这一点我们在后面的章节
67 中将会讲到。

亚述帝国的大领主

巴比伦尼亚王国在经历了公元前10世纪晚期的低潮之后，在国王纳布-阿普拉-伊地那统治时期开始有了复苏迹象。在巴比伦尼亚君王列表中，这位国王被划归到公元前979年至公元前732年之间的“E朝代”。纳布-阿普拉-伊地那无疑是E朝代中最为杰出的君王之一。他对巴比伦的统治始于约公元前888年，然后持续了三十三年之久。在其统治期间，巴比伦尼亚再次摆脱了亚述统治，国家稳定而繁荣，文化也得到复兴。

传统宗教仪式中心被修复，曾经废弃的宗教典礼也重新复苏。也是在这一时期，巴比伦尼亚与亚述重归于好，和平相处。但随后，亚述国王沙姆希-阿达德五世（公元前823—公元前811）对自己的南方邻国发动了四场战争，两国之间的和平关系再次走到尽头。最后，沙姆希-阿达德五世俘获了巴比伦国王巴巴-阿哈-伊地那（公元前812年），将他押送到亚述。这之后，巴比伦尼亚一度处于混乱无序的状态中。但后来，一位叫作那波那萨尔的国王即位后，整个国家再次兴盛起来。一般认为，那波那萨尔统治的这段时期（公元前747—公元前734）是巴比伦尼亚历史上一个新时代的开端。这一点在两部重要的编年史文献

《巴比伦编年史》和《托勒密王名表》中都有所反映：两部作品的编写者都把那波那萨尔的统治作为巴比伦历史的起点。

那波那萨尔去世后不久，巴比伦尼亚再次陷入不同敌对势力集团——其中包括伽勒底人势力集团——的争斗中，直到公元前729年，亚述国王提格拉特-帕拉沙尔三世插手，这场混战才结束。当时的巴比伦尼亚国王是一位伽勒底部落首领。提格拉特-帕拉沙尔推翻了这位国王的统治，宣布自己是巴比伦尼亚的新国王，并推行了一段时间的"双重君主制"。从理论上讲，这意味着巴比伦尼亚的王位是由亚述国王和一位由他任命的"国 68
王"共同执掌，而实际上此时的巴比伦尼亚是处于亚述大领主的统治之下。对一个一直以来享有独立的王国来说，这种情况令人无法容忍，因此巴比伦人一直在不断试图挑战并摆脱亚述人的统治，其中伽勒底部族首领们的反抗尤为突出。到了公元前8世纪，伽勒底各部落成为巴比伦尼亚主要的政治势力。在这一百年当中，有三位伽勒底部落首领先后登上过巴比伦尼亚的王位。

在这三位首领之中，最著名的一位叫作马尔都克-阿普拉-伊地那。他更知名的还是他在《圣经》中的名字米罗达-巴拉但[①]。他曾经两度成为巴比伦尼亚的国王（公元前721—公元前710和公元前703）。在他的领导下，整个巴比伦尼亚王国的人民团结起来，为摆脱亚述人的枷锁进行了艰苦卓绝的斗争。米罗达-巴拉但在与亚述国王萨尔贡的斗争中获得了埃兰同盟军的支持。随着斗争的继续，巴比伦人获得了一些重大胜利，事实上巴比伦

① 中文也译作麦若达赫-巴拉丹。——译注

王国也曾一度重获独立。但亚述人决意重新控制巴比伦尼亚，最后他们在公元前710年迫使米罗达-巴拉但放弃王位，流亡外地。七年后，他重新回归，想夺回王位。他再次发动起义，对抗新的亚述国王辛那赫里布的统治。但后者在巴比伦尼亚南部进行的决战中给了米罗达-巴拉但的军队致命一击。米罗达-巴拉但不得不再次逃亡，寻求埃兰人的庇护，埃兰人收留了他，但米罗达-巴拉但不久之后便死去。

接着，亚述国王辛那赫里布废除了双重君主制（实际上这种制度也从未实施过）。他先是任命一个巴比伦人为傀儡国王，后来又让自己的一个儿子登上巴比伦尼亚的王位。这一做法激怒了埃兰国王哈鲁舒（也叫哈鲁舒-因舒新那克），因为他也想控制巴比伦尼亚。哈鲁舒成功将辛那赫里布的儿子赶下巴比伦尼亚的王位，自己任命了新的巴比伦尼亚国王。但辛那赫里布再次派兵入侵，在尼普尔附近的一场战役中大败埃兰和巴比伦尼
69 亚同盟军，哈鲁舒只好迅速偃旗息鼓，逃往苏萨。他在那里被自己的国民暗杀。辛那赫里布将哈鲁舒任命的巴比伦尼亚国王关进监狱，后来又将其处死。亚述人再次成为巴比伦尼亚的主人。

但是，巴比伦人的反抗很快重新爆发。首先领导斗争的是一位伽勒底部族的新首领穆塞吉布-马尔都克，他对亚述人的斗争持续了几年，但最后辛那赫里布在公元前689年发动一场战役，给了他致命一击。在双方的战争中，巴比伦受到重创。穆塞吉布-马尔都克被俘虏并被押解到亚述。但希望重获独立的愿望依然像火焰一样在巴比伦人的心中熊熊燃烧，反抗亚述人统治的活动在辛那赫里布的几位继任者统治期间此起彼伏。最后，在一位名叫那波帕拉萨尔的人的带领下，巴比伦人终于获得

胜利。公元前626年，那波帕拉萨尔夺得巴比伦的王位，成为巴比伦尼亚历史上最伟大的时期新巴比伦王国（公元前626—公元前539）的开国君主。

巴比伦尼亚文化传统的保护

在公元前1千纪，阿拉姆语的影响力在巴比伦尼亚，事实上乃至在近东世界的其他地区都有广泛扩展。这种语言逐渐被用作书面交流的媒介，也逐步成为近东世界的国际通用语，这些都是阿拉姆语影响力增加的有力证据。虽然如此，一直到公元1世纪，楔形文字在巴比伦尼亚的书吏学校中仍然有着顽强的生命力，这一点我们曾经提到过。延续自古巴比伦尼亚和加喜特时期的文化习俗和传统也得以保留下来。由于人们对王国过去的文化和历史的敬畏，巴比伦尼亚许多重要的文学和科学作品也保存了下来。

可惜的是，对于加喜特王朝和新巴比伦王国之间这段漫长的历史时期，虽然考古学家在巴比伦和其他几个巴比伦尼亚城 70
市尤其是乌尔城都有一些发现，但关于这段历史几乎没有任何物质方面的证明。我们知道，曾有几位亚述国王在积极地推广巴比伦尼亚文化，尤其是阿萨尔哈东及其王储亚述巴尼拔，这一点可以通过他们在巴比伦尼亚尤其是巴比伦城大规模地新建和修复各种工程得到体现，但不幸的是，关于这些工程的信息，我们只能从亚述王国的书面记录中找到。亚述人在保护巴比伦尼亚文化方面所做的贡献，考古学家们无法找到有形的、切实的证据。但是，和这些书面记录中描述的一样，亚述人的这些贡献清楚地表明，对于巴比伦尼亚文化心存敬畏的不只是巴比伦人，还有亚述人。

最有名的例证便是1853年在尼尼微亚述巴尼拔的图书馆中发现的大量泥石板证据。这位国王拥有巴比伦尼亚所有重要泥石板文献的复刻本，包括《吉尔伽美什史诗》、阿特拉哈西斯神话以及巴比伦尼亚的《创世史诗》等。当时亚述巴尼拔命令官吏将这些文献从神庙、宫殿及其统治范围内所有可能存在的地点搜集起来，送到当时的都城尼尼微。他的首要和核心目的是出于实用考虑。他想将自己统治的土地之上不同时代的所有文献都收集起来，因为他认为这些文献可以为自己提供治理这个国家的最佳建议。事实上，他在图书馆中收集的这些文献也有不少确实可以归类在向国王提供建议这一范畴里。虽然他的主要目的并不是为了收藏文学名著，但这些文献也同样可以归类为伟大的文学作品，其中最有名的例子便是《吉尔伽美什史诗》。这些作品中包含了一直到亚述巴尼拔那个时代为止的巴比伦尼亚文学史上所有重要的作品。今天，我们可以研究、欣赏美索不达米亚文学中最经典的范例，主要归功于这位国王，对此
71 我们要心存感激。

第七章

新巴比伦王国
（公元前626—公元前539）

新巴比伦王国的崛起

公元前626年11月，一个名为那波帕拉萨尔的人夺得了巴比伦的王位。他的出身尚不明确。有铭文将他称为“一个无名小卒的儿子”，但史料证据显示，他的父亲在亚述王国执政时期曾是乌鲁克的总督，而那波帕拉萨尔本人在领导起义对抗亚述统治之前也曾担任过乌鲁克城邦的统领。虽然普遍认为他是伽勒底人，但目前对于他的血统尚无明确证据。那波帕拉萨尔一开始在政坛亮相时，似乎是海国地区一位强有力的首领，但是他把目光坚定地投向了巴比伦王座，最终将它从亚述人手中夺了过来。

那波帕拉萨尔攻占巴比伦的时机把握得非常合适。那个时候，亚述最后一位伟大的国王亚述巴尼拔刚刚去世不久，亚述王国核心区域衰败且动荡，这些因素都被这位年富力强的巴比伦领袖利用起来，打破了亚述大领主强加给他们的枷锁，在亚述以

南建立起一个新的独立王国。与此同时，巴比伦尼亚内部各个竞争派系之间忙于权力斗争，这确保了那波帕拉萨尔在试图掌
72 控整个国家的过程中没有人会调转矛头团结起来攻击他。

但是，那波帕拉萨尔还是花了十年时间来巩固自己在巴比伦的统治地位，在这十年里，亚述王国几度试图重新统治自己的南部邻邦，而在巴比伦尼亚内部，政坛又持续动荡不安。克服了重重困难之后，这位新贵国王终于建立起一个新的王朝，都城设在巴比伦。在历史上，这个王朝的历任统治者，以及一位叫作那波尼德斯的继任者所统治的时期被称为新巴比伦王国（见图7）。我们前面曾经讲过，古代的历史编纂者们在讲述巴比伦尼亚历史的时候往往会从国王那波那萨尔（公元前747—公元前734）的统治开始，从精神和文化角度来讲，人们通常认为这是使用“新巴比伦尼亚”这一术语更合适的起点。

到了公元前616年，那波帕拉萨尔终于在自己的土地上树立了权威，他甚至有能力入侵前领主亚述王国的核心领土，以便一劳永逸地解决亚述人所带来的威胁。他带兵深入亚述腹地，一路向北打到了亚述的传统首都阿舒尔，向那里发动进攻。此时那波帕拉萨尔遭到了亚述人的强烈抵抗，不得不下令撤军。但同一时期，亚述在东部又受到另一强敌的不断骚扰，这便是来自伊朗西部的米底王国。公元前614年，米底国王库阿克撒列斯（在古希腊历史学家希罗多德的著作中叫作基亚克萨雷斯）向亚述进军，洗劫了阿舒尔古城和另外一座亚述古都尼姆鲁德。见此情景，那波帕拉萨尔意识到与库阿克撒列斯联手会非常有利。两国联盟很快达成，两支军队联合推进，大肆杀戮，进攻亚述王国最后一个都城尼尼微，将其夷为平地。这场战争发生在公元

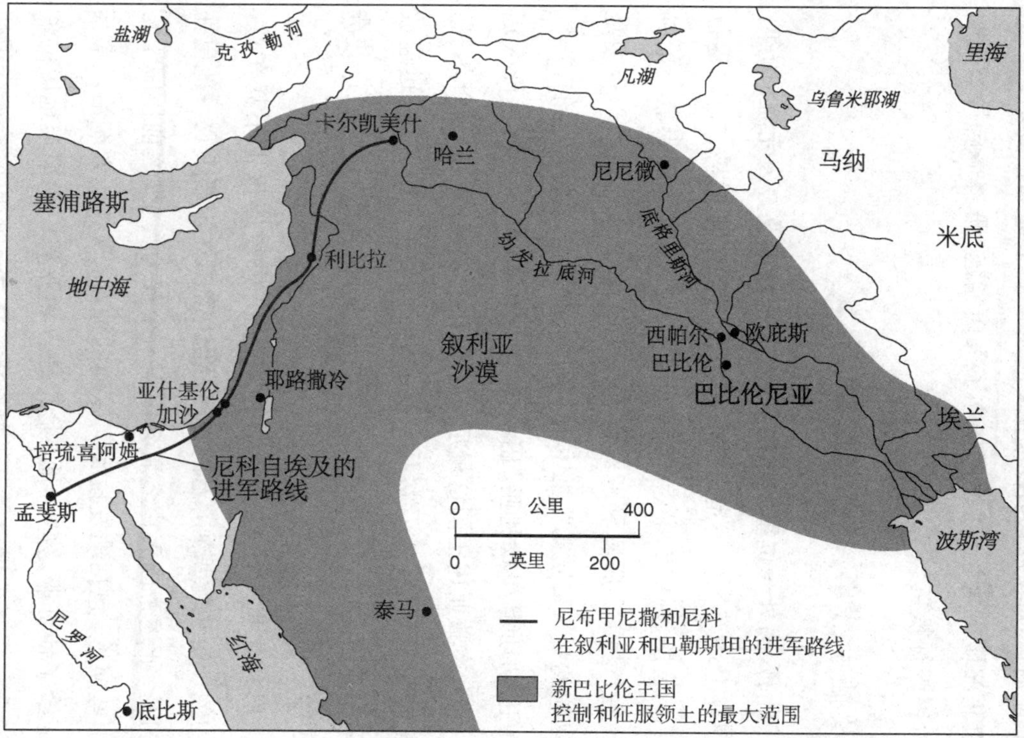

图7 新巴比伦王国统治和征服领土的最大范围

73

前612年。此时的新亚述帝国事实上已经穷途末路。亚述王国最后一位国王阿舒尔-乌巴里特二世（公元前612—公元前610）做了最后一次努力，为保全王国最后一块土地逃亡到美索不达米亚北部城市哈兰，在那里建立了末代朝廷，带着最后一丝微弱的希望进行抵抗。

埃及插手战事

此时，另外一位重要角色登场，那就是埃及。公元前610年，
74 刚刚登上埃及王位的是一位富有进取心的国王尼科二世。这位国王一直胸怀大志，渴望能够重塑埃及的国际强国形象。他制订计划，想要征服叙利亚和巴勒斯坦。这个计划的第一步便是答应他的“皇家兄弟”亚述国王阿舒尔-乌巴里特二世的请求，取道巴勒斯坦和叙利亚，出兵哈兰。但是，他的这次远征太迟了，无力挽救亚述王国这最后一个仅存的要塞。此时阿舒尔-乌巴里特也意识到，埃及援兵来得太迟，挽救不了哈兰，便迅速放弃这座城市。巴比伦和米底联军步步进逼，来势汹汹，攻占并洗劫了哈兰城。

尼科二世对于自己所谓的“任务”失败应该也不甚在意，因为他一定也意识到，无论如何，亚述帝国注定要灭亡。他更在意的是，亚述帝国灭亡之后会留下一个权力真空，之前臣服于它的那些属地，包括幼发拉底河以西的地区，现在无人统治。率兵北征给了他征服这些领地，尤其是叙利亚和巴勒斯坦地区的便利机会。尼科二世确信，刚刚攻克亚述帝国的巴比伦人会很快会将注意力向西转移，他们同样会觊觎这些土地。他的担心确实不无道理。巴比伦国王很快就企图征服幼发拉底河和地中海

之间的区域，这在巴比伦尼亚历史上是第一次。尼科二世想先下手为强，趁自己取道叙利亚和巴勒斯坦返回埃及的途中巩固自己对这块区域的统治。于是，他在奥龙特斯河边的利比拉城设立了一个区域性的大本营。他确实达成了在返回埃及的途中顺路在叙利亚-巴勒斯坦地区维护自己权威的目的——但这一结果只是暂时的。四年之后，在公元前605年，他不得不再次返回北方的这些属地，面对巴比伦人发出的对这些地区控制权的挑战。

尼布甲尼撒的统治

这里我们将介绍古代世界最流芳百世，同时（无论是否名不 75
符实）也是最臭名昭著的人物之一尼布甲尼撒二世。毫无疑问，他是新巴比伦尼亚时代的关键人物。从严格意义上讲，我们应该叫他“尼布甲瑞撒”，因为这样才能更精确地表达这位国王名字的阿卡德语形式——“纳布-库杜里-乌苏尔”，意思是“哦，纳布，保护我的继承者”。这两个形式的名字在《圣经·旧约》中都出现了，但是“尼布甲尼撒”这个名字使用更多一些，主要出现在《旧约》的《但以理书》中。

尼布甲尼撒是新巴比伦王国的王储，是那波帕拉萨尔的继承人。在其父的指挥下，尼布甲尼撒成长为久经沙场的勇士。公元前605年，那波帕拉萨尔将远征幼发拉底河以西的唯一指挥权委托给他。这是一项至关重要的任务，因为这会导致尼布甲尼撒和埃及国王尼科迎面作战，而战争的胜者将赢得叙利亚和巴勒斯坦的永久控制权。尼科和尼布甲尼撒的最后决战发生在幼发拉底河西岸的卡尔凯美什城附近。尼布甲尼撒一方大获全胜，尼科被迫率领残兵败将退回埃及。尼布甲尼撒继续在西部作战，以巩固对叙利亚和巴勒斯坦地区的掌控。正当他忙于征战之时，突然收到消息说他的父亲那波帕拉萨尔在公元前605年5月8日去世了。尼布甲尼撒匆忙收拾起他在这一地区所获得的战利品，其中包括犹太人、腓尼基人、叙利亚人和埃及人战俘，将他们运往巴比伦，然后迅速返回首都，参加其父的丧礼，紧接着又作为王国新一任统治者登上巴比伦的王位。据说，他的就职仪式在6月1日举行——这时距他父亲那波帕拉萨尔去世仅仅24天。

但是，尼布甲尼撒的王座还没有坐热，就又一次启程西征，因为他要确保自己能够将幼发拉底河以西那些资源丰富、战略地位至关重要的地区牢牢控制在自己手中。这些地区的统治者毫不犹豫地向尼布甲尼撒保证自己绝无二心，承认巴比伦人是他们的领主，并发誓向尼布甲尼撒效忠，同时还向巴比伦进献大
76 量贡品。在后来的十年中，为了查验这些统治者们是否一如既往地效忠自己，尼布甲尼撒时常巡视这些地区。实际上，他这样做还有另外一个目的：他要考虑将来埃及可能带来的挑战。

对于埃及以北的这些土地，尼科二世也绝对没有放弃重获控制权的野心。他招兵买马企图对那里再次发动战争的消息确实传到了尼布甲尼撒的耳中。这是公元前601年的事情。尼布甲尼撒一边加强巴比伦在叙利亚和巴勒斯坦的驻军，一边决定先发制人，率军南进，在埃及军队入侵巴比伦控制的领土之前便与他们对峙。两军在位于埃及三角洲东北端的培琉喜阿姆附近遭遇。这里还是从埃及前往加沙的必经之地。两军在冲突中均死伤惨重。尼布甲尼撒不得不撤回巴比伦，重新整

顿军队。据说尼科二世可能率军前进到了加沙。但即使他曾经真的到达那里，也没有再继续前进。他和埃及第二十六王朝（也叫塞易特王朝）的继任者们后来再也没能重新掌控叙利亚和巴勒斯坦地区。因此，可以说这场战争最终的胜利者是尼布甲尼撒。

但是，尼布甲尼撒在其巴勒斯坦的属地上留下了一个悬而未决的问题。在培琉喜阿姆战役发生三年之前，犹大国的国王约雅敬曾经宣誓向他效忠。但是巴比伦和埃及军队最后一役之后，约雅敬判断尼科二世在两国的斗争中占了上风，因此便转而投诚到埃及一方。尽管约雅敬叛变了，但尼布甲尼撒还是等他在犹大国的王位上坐稳几年之后才准备采取行动对付他。公元前597年，巴比伦军队长驱直入，攻入犹大王国，包围耶路撒冷。但那时犹大国的王位上坐着的却是一位新国王。约雅敬已经在三个月前去世，继承王位的是他18岁的儿子约雅斤。这位新国王羽翼未丰，知道抵抗是徒劳的，因此便迅速向尼布甲尼撒投降。据《圣经·旧约》记载，他和自己的妃子们以及皇家随从们一起被押送到巴比伦（《列王纪》（下）24: 14—16）。和他们一同被掳掠到巴比伦的还有一万多人，其中包括士兵、官员、手艺人和铁匠等。

尼布甲尼撒扶植了一个叫作西底家的傀儡国王来代替约雅斤的位置。在后来的八年多里，西底家一直保持着对巴比伦领主的忠诚。但是到了第九年的时候，他叛变了。《圣经·旧约》（《列王纪下》24: 17—25: 1，《耶利米书》39: 1）中对这段历史进行了记载。西底家的反抗让尼布甲尼撒勃然大怒，他率兵对犹大国发动全面攻击，摧毁了耶路撒冷周围的乡村，然后包围了这座城市。埃及派出远征军，试图对被包围的耶路撒冷和西底家进行救援，但最后无功而返，耶路撒冷陷落。西底家想方设法带领军队逃出包围，但尼布甲尼撒的军队还是在耶利哥平原抓住了他。

犹大国的军队丢盔弃甲，狼狈不堪。西底家在逃亡途中和自己的军队分开了，最后被巴比伦军队俘获。他被送到尼布甲尼撒设在利比拉的叙利亚指挥部（之前埃及国王尼科二世曾将这里作为自己的基地），见到了暴怒的国王。西底家因为不忠而受到尼布甲尼撒重罚。他的几个儿子先是被拖到他面前，让他眼睁睁地看着他们被处死，然后他的双眼被挖出来，用链子捆着带到了巴比伦。在接下来的一个月里，尼布甲尼撒将自己宫廷侍卫队的护卫长派到耶路撒冷，摧毁了这座城市。这件事发生于约公元前587年或586年。耶路撒冷的毁灭代表着所谓“第一圣殿时期”结束了。据《圣经·旧约》记载，那些耶路撒冷被围困和摧毁之后的幸存者和犹大国其余的大部分国民都被赶到了巴比伦尼亚。后来，考古学家在尼布甲尼撒的南宫发现了一些泥石板，上面记录了当时的食品配给名单。名单中提到了一些犹大囚虏的名字，其中包括约雅斤，还有其他许多外国人。最近发现的楔形文字泥石板也证实了曾有一些囚虏定居在巴比伦尼亚中部的乡村。就这样，历史上的犹太人大流散时期开始。这
78 个时期持续了约五十年。

耶路撒冷被毁之后，叙利亚-巴勒斯坦地区反抗尼布甲尼撒的主要中心便只剩下一个，那就是岛城苏尔①。苏尔城的人民一

① 也译作推罗。——译注

直在勇敢地坚持，拒绝向巴比伦人投降。尼布甲尼撒便下令将苏尔包围起来。根据犹太历史学家约瑟夫斯的说法，苏尔人民坚持抵抗外来者的攻击长达十三年之久（公元前586—公元前573）。甚至到了最后，尼布甲尼撒还是没能通过武力攻下苏尔城。但最后苏尔人还是投降了，因为不难想象，他们因为长时间的包围和物资匮乏已经变得筋疲力尽。巴比伦人终于统治了苏尔岛。他们同时还统治了苏尔北面的西顿城。

对于尼布甲尼撒统治时期的其他历史事件，我们所知不多，不过整体而言，这似乎是巴比伦尼亚历史上一个比较稳定的时期。但我们确实知道，在他统治的第十年（公元前595年），巴比伦突然爆发了一场大叛乱。国王的军队中也有不少人倒戈参与了暴动。在这些士兵遭到大规模屠杀之后，这场叛乱终于被镇压下去。

这个时期，曾经为新巴比伦王国崛起助了一臂之力的米底人怎样了呢？当初他们曾和那波帕拉萨尔一起并肩作战打败了亚述王国。但亚述王国衰亡之后的几十年里，巴比伦尼亚的历史对于米底人几乎只字未提。从这一点似乎可以推断，在那波帕拉萨尔后来统治期间以及在尼布甲尼撒统治的绝大部分时间里，两国之间保持了（相对）和平的关系。

但是，大约在尼布甲尼撒统治晚期，他下令在首都北面修建了一道很长的防御城墙，叫作米底长城。这座防御工事横跨西帕尔和欧庇斯之间的狭长颈部地带，那里是底格里斯河和幼发拉底河彼此最为接近的地方。当时必定出现了某种我们现在不得而知的状况，让尼布甲尼撒觉得有必要对王国腹地的防御进行巩固和加强，以抵御来自北方的威胁。这些威胁可能来自米

79 底人，也可能来自威胁巴比伦尼亚北部边境的其他敌对力量。

《圣经·旧约》将尼布甲尼撒描述为一个十恶不赦的恶棍，如果抛开这一点不谈，这位新巴比伦帝国的第二任国王完全有理由在古代近东世界的杰出统治者中占据一席之地。从军事方面来讲，在巴比伦尼亚的历任国王中，他建立的帝国最为强盛、影响最为深远，甚至超越了汉谟拉比。他统治下的巴比伦尼亚稳定繁荣，这无疑是一个健全而有效的行政体系的产物。这个体系之所以成功，或许大部分原因是尼布甲尼撒在整个国家宣扬他对于正义的重视。在历史悠久的美索不达米亚皇家传统中，他的铭文对他的评价是一位“公正的国王”，并记录了他在铲除邪恶和不公方面的功绩，尤其是他为社会中那些受到权威阶级剥削的脆弱无助的群体伸张正义的一些案例。我们并不认为这些评价只是一种宣传手段，相反，我们认为尼布甲尼撒将弘扬正义作为自己执政期间的一个主要任务，并一直在勤勉认真地完成这项任务。

尼布甲尼撒与那些卓越的国王前辈们风格相似，也因自己是一位伟大的建设者而骄傲。而他也当得起这份骄傲，因为他积极投身于在全国各地修建新神庙、修复破败不堪的旧神庙的任务之中。首都巴比伦从尼布甲尼撒的各项建设活动中获益最多。他下令修复了供奉主神马尔都克的宗教建筑群埃萨吉拉神庙，还建造了其他各种类型的建筑，比如他下令修建了结构复杂的城墙，以保护首都巴比伦不受洪水和外敌侵袭。

当然，其中许多建设项目都需要金钱，需要战争中战利品的
80 资金支持。另外囚犯也是战利品的一部分。战败国家和地区的
大批人口被押送到巴比伦尼亚，成为尼布甲尼撒建筑工程中的

劳动力，而这些战败国还远远不止犹大这一个地区。但是尼布甲尼撒最应该被铭记的身份应该是一位建设者，而不是一名军事家——这也是他希望自己能被后世记住的一个身份，这一点在他的许多铭文中都有所体现。尼布甲尼撒的这个愿望与巴比伦人看待王权的思想意识有关。在他统治期间，巴比伦的艺术和科学取得了长足进步。在这个方面，加喜特时期的国王们为后世树立了榜样。

尼布甲尼撒的第一批继任者

尼布甲尼撒的统治结束之后的若干年里，他和父亲建立起来的帝国逐渐土崩瓦解。公元前562年，尼布甲尼撒去世，他的儿子阿莫尔-马尔都克（《圣经》中被叫作以未米罗达；《列王纪下》25: 27，《耶利米书》52: 31）即位。但他只做了两年国王，就于公元前560年在一场宫廷政变中被暗杀。他的继任者是涅格尔-沙尔拉-乌苏尔，此人另外一个更为我们所熟知的名字叫作涅里格利沙尔（按照公元前3世纪的历史学家兼牧师贝洛索斯的说法）。这个人是阿莫尔-马尔都克（以未米罗达）的妹夫，很有可能是公元前560年那场宫廷政变的参与者之一。关于阿莫尔-马尔都克，人们注意或者记住的只是他的荒淫无度和独断专行。毫无疑问，他不得民心是造成他被暗杀的原因。

相比之下，涅里格利沙尔则是一位更加负责的国王。据史料记载，他修复了首都和博尔西帕等地的神庙，进攻安纳托利亚东南部一个叫作皮林度的国家并获得胜利。据后来的希腊和罗马文字记载，这里属于西里西亚的一部分。据一份文献内容推断，尼布甲尼撒在其统治的第十三年（公元前592—公元前591）

应该也派兵攻打过此处，并从那里押送回战俘。但是，巴比伦对于皮林度的统治称不上稳固。公元前556年，涅里格利沙尔去世，死因不详。他的儿子拉巴施-马尔都克即位才三个月，军队中便发生政变，将这位新国王赶下王位。发动政变的军官们拥
81 立一个叫作纳布-纳伊德的人为国王。他更为人所熟知的名字是那波尼德斯（见图8），是巴比伦尼亚所有国王中最具争议的统治者之一。

图8　那波尼德斯

新巴比伦王国的末代君王

那波尼德斯是新巴比伦王国的最后一位统治者。他的统治结束之后，新巴比伦王国也就灭亡了。关于他的统治我们可以根据大量的文献有所了解——但《圣经·旧约》却对这位国王只字未提，至少没有任何关于他的明确说法。原因何在？我们后面会进行解释。82

那波尼德斯在他的一篇铭文中提到，在军队政变中，前任国王被处决之后，他作为一个无足轻重又毫无野心的人登上王位。实际上，他可能具有贵族血统（有迹象显示他的祖先是阿拉姆人），但他和新巴比伦这个自己亲手断送的王朝之间并没有任何血统或者亲属关系。他在五十多岁甚至年纪可能更大一点时才被拥立为国王。当初的军队政变结束拉巴施-马尔都克的短暂统治之后，他能够被抬高身份成为国王，这一点表明当时他在军队里举足轻重的人物心目中已经颇有声望，所以那些军人才认为他是国王的合适人选。

那波尼德斯至少在其统治初期曾试图树立一个良好的国王形象，努力维持巴比伦王室的悠久历史传统。他尤其注意在国内进行建设，包括修缮宗教圣殿等。他对历史和文物兴趣浓烈，这是他进行各种建筑修缮活动的原因之一。然而，他登上王位之后不久，很快便将部分注意力转向军事征战方面。他即位不久便成功对安纳托利亚东南部的休姆发动了两场战事，表明自己是一位勇士型的国王，是值得信赖的。休姆与皮林度相邻，都属于后来的西里西亚的一部分，尼布甲尼撒也曾征服过此地。总体来说，虽然那波尼德斯所制定的军事政策没能挽救新巴比伦帝国于将倾之时，这些政策的制定应该还是有据可依的，是正确的。

接下来我们要介绍的是另外一位在新巴比伦王国的最后阶段发挥重要作用的人物——那波尼德斯的母亲阿达德-古皮。她的传记被铭刻在一块石碑上，于1956年被发现于哈兰古城的大清真寺中，石碑透露了许多这位重要幕后人物的信息。通过这篇有趣的铭文，我们了解到，阿达德-古皮一直活到102岁高龄
83 才去世。她对自己儿子的影响是巨大的，导致他实施的很多行动引起了部分国民的憎恨。从新亚述帝国末期开始，阿达德-古皮便是月神辛的信徒，在哈兰的月神神殿中虔诚地敬奉他。这里可以回忆一下，哈兰这座城市在公元前610年被米底和巴比伦联军摧毁之前曾是最后一位亚述国王的庇护所。阿达德-古皮的传记中说，月神辛生气地离弃哈兰之后，有感于阿达德-古皮对自己坚定不移的忠诚，曾经进入她的梦中，告诉她说她的孩子会被赐予国王的权力，这样他就可以在哈兰修复和重建月神的神庙以胡胡。

那波尼德斯将月神辛通过其母的梦境所传达的信息铭记于心，怀着巨大的热情投入到哈兰城和辛神庙的重建工作之中。但是，他对月神事务的投入引发了一些敌意，祭司阶层尤其不满，因为他们认为国王这样做是对传统神祇的怠慢，是对诸神之中最应受尊崇的主神马尔都克的怠慢。国王首要的义务应该是尊崇马尔都克，而不是月神辛，而且巴比伦尼亚的国民认为，那波尼德斯能够被推上王位，应该感谢的是马尔都克。事实上，在哈兰发现的一块刻有那波尼德斯铭文的石碑上记载说，国王对马尔都克的忽视和对月神辛的日益推崇在全国许多地方引起

了骚乱。但是现代学者们认为，这些广泛流传的论断以及人们在宗教事务上对国王的猛烈抨击其实有些夸大其词了。还有学者认为，新巴比伦王国严重恶化的经济状况才是引起人们对那波尼德斯敌意的较深层次的根源。然而事实上，我们掌握的资料显示，在那波尼德斯当政期间，一直到公元前539年王国灭亡为止，巴比伦尼亚在社会和经济方面都保持着欣欣向荣的景象——甚至在王国灭亡后也依然如此。

那波尼德斯最为人所知的是其在位初期所采取的一项非同寻常的行动，这在他后来执政期间对新巴比伦王国产生了巨大影响。《巴比伦编年史》写道，为镇压发生在现今黎巴嫩和外约旦地区的叛乱，那波尼德斯在其执政的第三年率兵西征。接着 84
他又率领军队从那里出发，进入阿拉伯半岛北部地区。公元前552年夏，他在绿洲古城泰马修建了一座皇家住宅。在接下来的十年间，从公元前552年到公元前543年，他一直在这里居住。至于巴比伦，他任命自己的儿子伯-沙尔-乌苏尔（《圣经》中的名字伯沙撒相对更为大众所熟知）做摄政王，管理王国的各项事务。伯沙撒似乎也兢兢业业地代替自己的父亲完成了各项工作，维持了巴比伦皇家各项重要的传统活动，同时坚定地支持供奉马尔都克的宗教活动。

学者们对于那波尼德斯搬到泰马并且长期在那里居住的原因一直争论不休。他离开巴比伦居住在泰马，主要是因为他对月神辛有明显的崇拜吗？巴比伦研究学者马克·范·德·米尔洛浦建议不要匆忙给出结论。他指出，虽然阿拉伯半岛确实流行崇拜月神辛，但在那波尼德斯的铭文中并没有明显的迹象显示他在泰马也宣扬这方面的活动。马克·范·德·米尔洛浦认为，那波尼德斯决定移居泰马，相比于宗教原因，其背后更重要的原因应该是为了遏制彼时新兴的波斯帝国国王居鲁士二世（即人们常说的居鲁士大帝）所奉行的扩张主义目标。居鲁士的野心已经威胁到巴比伦在叙利亚和美索不达米亚北部地区领土的安全。这位学者指出："如果巴比伦丢失这些领地，那么它与地中海国家之间的联系便会被切断。因此那波尼德斯可能是在探索从巴比伦向西穿过沙漠安全抵达地中海的新路线。"

与马克·范·德·米尔洛浦这种推论相关的另外一种说法是，那波尼德斯这样做至少部分原因是出于具体的商业考虑。阿拉伯半岛北部是一个富强安乐的地区，一些具有战略价值的商业路线从那里穿过，是诸如金银、乳香，以及各种异国风味的
85 香料等商品的中转站。考古专家琼·奥茨教授说，来自大马士革、示巴、阿拉伯湾和埃及的商队路线都在泰马会合，所以"这座城市是阿拉伯贸易的天然中心，如果那波尼德斯可以在阿拉伯半岛南部兼并、建立一个新的贸易帝国，那么这将是一项可以与尼布甲尼撒相比的伟大成就"。

那波尼德斯旅居于泰马，这也许有合理而务实的原因可以解释，但他为什么在那里逗留的时间那么长呢？他在那里建立起巴比伦尼亚的权威之后，难道不可以找一个代理人进行管理，并辅以强有力的卫戍部队的支持，然后自己离开吗？几年过去了，国王需要返回首都巴比伦已经成为一个日益紧迫的要求——部分原因在于国王旅居泰马，以祭祀主神马尔都克为特色的隆重的新年节庆祝仪式便无法举行，因此这件事被搁置了十年之久。除此之外，还有另外一项紧急情况出现，要求国王尽快回国，那就是巴比伦尼亚各处国境线面临的威胁日益增长，需

要国王来重新稳定国家。

在所有这些威胁之中，居鲁士大帝带来的威胁最为强大。公元前543年，那波尼德斯返回都城巴比伦，其主要动机很可能是为抵御波斯人的入侵而做准备——波斯人可能不只会入侵巴比伦尼亚的属地，还有可能入侵这个国家的中心腹地。那个时候，居鲁士已经展现了扩张野心，于公元前546年攻打安纳托利亚西部，摧毁了吕底亚王国。到了公元前543年，他确实在寻找机会，试图将统治扩张至美索不达米亚地区。那波尼德斯明白，波斯人对巴比伦尼亚的入侵已经迫在眉睫，便命人将国内主要神庙内供奉的神祇雕像运往巴比伦以便妥善保管，希望这些塑像可以免遭敌人毒手。但这只是一厢情愿的美好愿望而已，因为首都巴比伦很快也将自身难保。

居鲁士很清楚，那波尼德斯的王国很快就会成为他的囊中之物。公元前539年，他率领军队前进到底格里斯河畔。他身边还有一位叛变到波斯一方的巴比伦尼亚总督。在欧庇斯城外，
波斯军队和那波尼德斯的军队展开激烈的战斗，波斯获胜，居鲁 86
士跨过底格里斯河，攻占巴比伦尼亚北部城市西帕尔，接着在公元前539年10月29日攻占了首都巴比伦。据推测，西帕尔和巴比伦两座城市应该都是不战而降。事实上，虽然居鲁士在欧庇斯战胜巴比伦尼亚军队的时候展示了他强大的军事实力，但他还是使用了一些宣传策略，这成为帮助他赢得巴比伦尼亚人心的有效手段。他宣称是马尔都克命令他占领巴比伦的。为了进一步向被他征服的巴比伦尼亚人展示他的友善，他要求波斯士兵不能去骚扰巴比伦以及王国内其他所有地方的神庙。

那波尼德斯的结局如何呢？他成为居鲁士的俘虏，但他最

终的命运人们并不确定。一种说法是他被居鲁士处决了，还有一种说法是居鲁士命令他离开巴比伦，让他在王国其他地方生活，也许在某个地方做了总督。

事实上，还有一种说法是，那波尼德斯最后还活着，他的寿命比居鲁士和他的下一任国王冈比西斯还要长。

《圣经》传统中的巴比伦国王

也许令人吃惊的是，在《圣经》资料中没有一处提到那波尼德斯这个人。这件事最为大众所接受的一个解释是《旧约》中相关书卷的作者，尤其是《但以理书》的作者，将那波尼德斯和尼布甲尼撒的事迹合并在一起了。（犹太历史学家约瑟夫斯则错误地认为伯沙撒和其父那波尼德斯是同一个人。）他们将那波尼德斯统治期间发生的一些事曲解之后，糅合到尼布甲尼撒身上。这样的话，（《但以理书》中提到）尼布甲尼撒对自己梦境以及正确解析梦境的痴迷，实际上对应的应该是那波尼德斯在铭文中
87 描述自己梦境的这一习惯。

更具体一点说，那波尼德斯在阿拉伯半岛沙漠中旅居十年这件事，在《圣经》中被描写成尼布甲尼撒精神分裂了七年；这七年里，上帝令尼布甲尼撒在荒野中度过（作为对他的狂妄自大以及他对自己首都夸耀的惩罚），与野兽一同居住，以草为食，头发长长，好像鹰毛，指甲长长，如同鸟爪（《但以理书》4: 28—33）。这种骇人听闻的形象通过威廉·布莱克的著名绘画作品在后世保留下来（见图9）。事实上，《圣经》对尼布甲尼撒的描述极大地影响了后世对这位国王的认知——至少在19世纪近东世界的语言没有破解之前，人们对他的印象一直如此。到了

图9　威廉·布莱克笔下的尼布甲尼撒

19世纪，与尼布甲尼撒统治相关的楔形文字资料才被发现和翻译，使人们能够更加准确、更加公正地看待这位国王。这些资料突出强调了他在诸如物质、社会、文化和政治等许多方面的正面成就。

在《但以理书》中，尼布甲尼撒最后向上帝忏悔了他的罪过并顺从上帝，他的神志、王位和王国也都重新归还于他。接下来 88
他的儿子即位。这位国王在《圣经》中的名字叫作伯沙撒。在他统治期间，巴比伦王国在突如其来的混乱中走向灭亡。《圣经》中有这样一个情节：伯沙撒在宴会厅宴请一千位大臣，墙上出现一只人手开始书写文字。这个故事在后世尤其通过荷兰画家伦勃朗的名画得以流传（见图10）。那只手写在墙上的文字是：弥尼，弥尼，提客勒，乌法珥新。这些文字代表着货币价值按从

图10　伯沙撒看到“神圣之手在墙上书写文字”，伦勃朗绘

大到小的排列顺序，意味着经济逐渐缩水。按照但以理的解释，这代表伯沙撒的死期即将来临，而波斯人将征服他的王国：“神已经数算你国的年日到此完毕……你被称在天平里，显出你的亏欠……你的国分裂，归与玛代人[①]和波斯人。”(《但以理书》5: 26—28)

89 这里我们有必要解释一下：根据《圣经》的讲述，但以理是以色列贵胄中的一位年轻人，他“没有残疾、相貌俊美、通达各样学问、知识聪明俱备，足能侍立在王宫里”(《但以理书》1: 3—4)。(但以理后来被巴比伦太监长重新取名为伯提沙撒。)

① 即米底人。——译注

《圣经》中的这段叙述无疑反映了尼布甲尼撒时期实行的一个总体政策：从那些被带到巴比伦的囚徒中挑选具有特别品质和天资的人，对他们进行适当训练，让他们将才干发挥出来，以利于巴比伦文化、精神、政治等各方面的发展。这些有才干的人得以确保在征服者的土地上能够享受舒适的生活条件并有晋升机会。

《但以理书》大约编写于公元前3世纪至公元前2世纪之间。几乎可以肯定，经卷的作者对于新巴比伦王国的历史应该非常熟悉，他们知道伯沙撒并不是尼布甲尼撒的儿子，而是巴比伦最后一位国王那波尼德斯的儿子，他们也知道伯沙撒本人没有做过国王。虽然在他的父亲离开巴比伦旅居于泰马时他曾经代为行使国王的许多职责，但在那个时期的铭文中，伯沙撒只是被称为“国王的儿子”。在那波尼德斯返回巴比伦重新全面行使国王权力之后，伯沙撒便主动回避了。

由此可见，《但以理书》的作者们大幅改写了新巴比伦王国的历史，他们将尼布甲尼撒的继任者从四位减少到一位（而他们保留的这位伯沙撒，本人却并没有做过国王）。他们这样做的意图是让故事情节尽量简单。他们删去了统治时间较短、在历史上相对无足轻重的国王们的事迹，这样才能帮助他们把想要传达的信息更加有力地传达出来。尼布甲尼撒在他们的故事中是罪魁祸首，因为他毁灭了耶路撒冷，将那里的大批居民放逐到巴比伦。在这里我们需要强调的很重要的一点是，在尼布甲尼撒实施这些暴行的时候，他得到了上帝同意；因为这些子民罪大恶
极，上帝想要惩罚他们，而尼布甲尼撒是上帝实施这些惩罚的手 90
段。但这之后他却迎来了上帝对巴比伦的最终惩罚，这一次波

斯人是上帝用来表达愤怒的工具，他们摧毁了巴比伦这一邪恶的帝国以及巴比伦最后一位国王，也就是尼布甲尼撒所谓的“王储”伯沙撒。在《圣经》中，伯沙撒最后的暴行是他亵渎了神明，把他的父亲洗劫耶路撒冷时从神庙中拿出来的圣器作为宴席上
91 饮酒取乐用的酒杯。

第八章

尼布甲尼撒时期的巴比伦

这大巴比伦不是我用大能大力建为京都，要显我威严的荣耀吗？

（《但以理书》4: 30）

尼布甲尼撒时期的都城

到了尼布甲尼撒统治末期，巴比伦已经成为当时世界上最大的城市（见图11）。他的上一任国王，也就是他的父亲那波帕拉萨尔在推翻亚述领主的统治之后，便开始着手在王国的各个城邦进行重建工作。在那波帕拉萨尔所取得的各项成就之中，他本人最引以为豪的事情便是重建了巴比伦，倡导并恢复了巴比伦尼亚古老的传统和习俗——尤其是历史悠久的宗教仪式、他们所尊崇的神祇，并重修了举行宗教仪式的神殿和祭祀中心。尼布甲尼撒以热切的精神追随其父的脚步。在他的统治下，巴比伦在文化、精神和物质等各方面都达到了辉煌的顶峰。在他统治期间，王国内的其他城邦也大为受益，尤其是在物质发展方

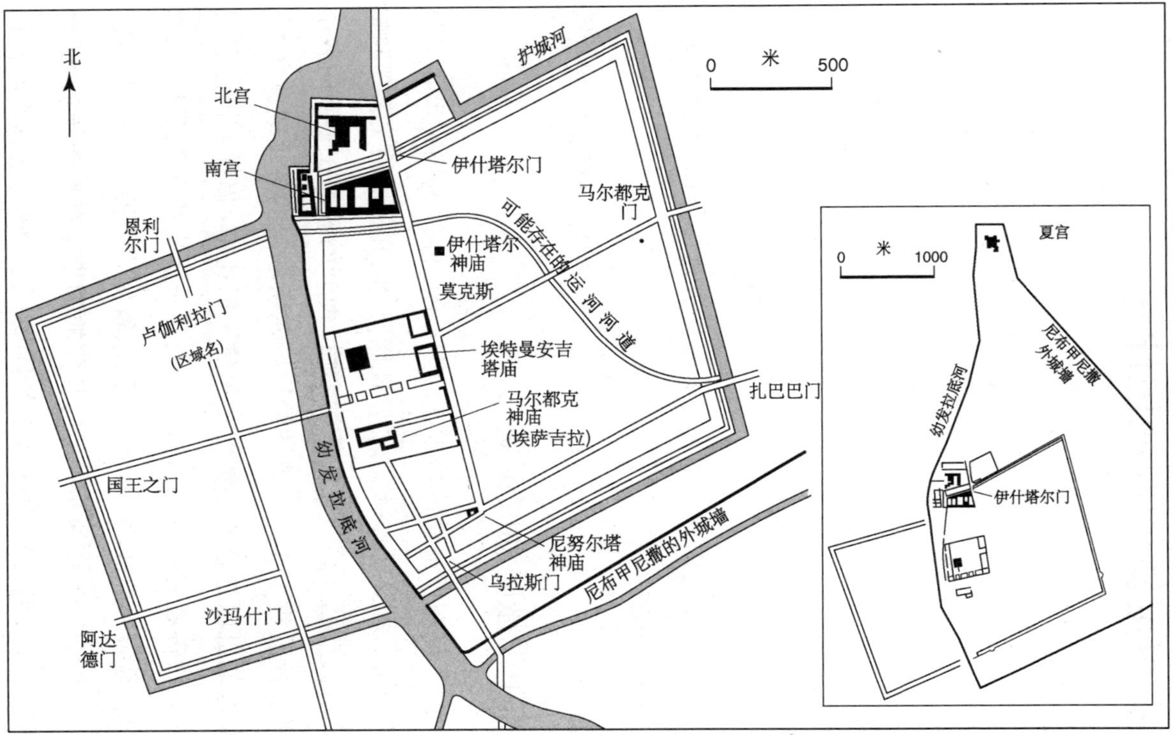

图11 尼布甲尼撒统治时期的巴比伦

面。要在巴比伦尼亚的城邦中开展大规模的建设工程，在人力、
财力以及建筑材料等各方面都需要有丰厚的资源支持。这些资
源在很大程度上都来自那波帕拉萨尔和尼布甲尼撒在军事活动 92
中所获得的战利品。他们四处征服新的领地，在战场上获胜之
后，便将战利品收集起来运回国。

关于巴比伦城本身在历史上这一最为灿烂辉煌时期的情况，考古学家向我们提供了相对详细的信息。罗伯特·科尔德威的发掘结果显示，在各个时期的地层中，新巴比伦王国时期的巴比伦城保存状况最为完好。后来，伊拉克古物总局自1958年起所进行的考古发掘也证明了这一点。尼布甲尼撒统治时期流传下来的楔形文字记录对首都巴比伦也进行了很多描述。后来古希腊和罗马时期的作家对巴比伦也有一些记录和描写，进一步为我们提供了（虽然通常不太可靠的）信息。

在古典时代的资料当中，最有启发性的资料来自古希腊历史学家希罗多德。他的著作是在尼布甲尼撒去世大约100年之后，即公元前5世纪写成的。这些文章从诸多角度描述了他那个时代的巴比伦。这里需要着重强调一下“他那个时代”这一点，因为到了公元前5世纪，新巴比伦王国已经陷落，巴比伦处于波斯人的统治之下。需要进一步补充的是，希罗多德本人可能从来没有去过巴比伦，而是根据去过那里的游客的讲述对巴比伦进行了描绘。而且可以确定的是，希罗多德对巴比伦各处奇观的一些描写过于夸张，与考古学家的实地发掘有不一致之处。虽然如此，在大部分关于尼布甲尼撒统治时期巴比伦的描述中，希罗多德的文章仍然占有重要地位，对其同时期以及后来的古典时代均具有深远的影响，人们对于巅峰时期的巴比伦的理解

也由此形成。

关于尼布甲尼撒时代的巴比伦，最可靠的信息来源依然是考古记录。从发掘出的遗迹来看，这一时期的巴比伦都城占地面积约有450公顷（如果算上城东的防御外墙之内所有区域的话，占地面积是850公顷）。幼发拉底河从城中穿行而过，将它分成大小不一的两个部分，面积大一点的地区在幼发
94 拉底河东岸。一座桥将这两个区域连接起来，支撑的桥墩筑成船形。从桥上通过需要交通行费，也可以乘渡船过河。河流的两岸用烧制的砖头筑造成巨大的屏障来加固河堤，对抗水流侵蚀，抵御洪水。城中的水道呈网状，分流了幼发拉底河的河水。

巴比伦城高大厚实的城墙是在那波帕拉萨尔时期动工、尼布甲尼撒时期完工的建筑工程之一。实际上，这些城墙的历史可以追溯到新亚述王国时期，甚至更早。城墙有两道，一道外城墙和一道双层内城墙。外城墙约有18公里长，将幼发拉底河东岸的城区部分环绕起来，同时还将位于城市最北端的尼布甲尼撒的所谓“夏宫”也包围进来。外墙之外还有护城河，河水引自幼发拉底河。沿河还有一道与它长度相当的防御土墙，以进一步抵御敌人的侵袭。

双层内城墙大致呈长方形，由内外两道墙组成，全长只有8公里，将巴比伦城的主要建筑环绕起来。内城墙同样有护城河保护，河水也引自幼发拉底河。根据希罗多德的描述，这道双层内城墙的顶端是一条很宽的路，可供一辆四匹马拉战车通行。沿路左右是两排单个房间大小的塔楼。（公元前1世纪的希腊历史学家西西里的狄奥多罗斯说，两辆四匹马拉战车可以在这道

城墙顶端的路上错身经过。）希罗多德甚至说这道城墙总共连接起了一百多道城门。但后来古典时代的作家们也意识到，希罗多德的统计总的来说言过其实。不过毫无疑问的是，在尼布甲尼撒统治时期的巴比伦，这些城墙蔚为壮观，令人叹为观止——古典时代的一些作家因此将它称为古代世界七大奇迹之一。

穿过这些城墙进入巴比伦的城门总共约有九座，但其中只有部分城门被发掘出来。不过我们通过楔形文字记录可以知道每一座城门的名字。它们是用神明的名字来命名的，比如有阿 95
达德门、沙玛什门、恩利尔门和马尔都克门。这些城门中最著名的一座是献给女神伊什塔尔的（见图12）。最早的伊什塔尔城门有15米高，饰有蓝色彩釉砖排列而成的“怒龙”造型和一些其他动物浮雕。在德国柏林的西亚博物馆可以看到伊什塔尔城门的部分重建品。这座城门与250米长的游行大街相连。这条大

图12　巴比伦伊什塔尔门复制品

街是巴比伦最具标志性的景观之一，也是一年一度新年节的主要举行地。

新年节

在巴比伦和其他巴比伦尼亚城市，名为阿基图的新年节是一年一度的节日中最为重要的一个，庆祝活动会持续12天。人们会把王国内主要神祇的雕像集中起来，庆祝春天的到来，还会举行一个宗教仪式，再现马尔都克战胜邪恶势力的场景。在阿基图节的第五天，马尔都克之子纳布神的神像会从供奉他的博
96 尔西帕城通过船只沿幼发拉底河运送过来。和它一起抵达的还有从其他城市运送而来的其他主要神祇的雕像。运送船只都是特别制作的，上面用宝石进行了精美的装饰。

这些神像抵达巴比伦之后，人们会抬着它们游行。国王和臣民们跟在神像后面，进入供奉马尔都克神像的神庙建筑群埃萨吉拉，然后国王进入神庙最核心的圣殿。在这里，所有象征他身份的徽章都会被除去，然后他被揪着耳朵，挨上几个耳光。这种仪式性的羞辱结束之后，国王在马尔都克神像面前鞠躬，并向这位伟大的神明保证在过去的一年里他没有犯什么错误，也没有忽视自己的宗教职责以及自己对国民应尽的义务。然后他再挨上几个耳光，这耳光的力度要能够打到让他流泪（这样才能获得神明的认可）。最后，国王的徽章被归还给他，这一天的仪式便结束了。

新年节的第六天，马尔都克神像会离开神庙区。人们会举行一个盛大的公共游行，以庆祝他重新获得权力、树立权威。国王和马尔都克的神像会走在游行队伍的最前面，国王"执马尔

都克神之手”，其他神像跟在他们后面。一路上张灯结彩，游行的人们载歌载舞。大部分巴比伦人都会参加这个庆典。游行队伍沿着游行大街前进，穿过伊什塔尔城门，沿着幼发拉底河一直走到阿基图神庙。在这里还要举行更多的仪式，庆祝活动一直持续到新年节的第十一天。此时，众神的神像再次返回巴比伦，这样庆祝王国和它的主神新生的仪式才算基本结束。新年节会以一个盛大的宴会作为结尾，宴会之后，巴比伦其他神明的神像会乘坐他们镶满宝石的水上工具回到自己所在的城市。

宫殿和神庙

在巴比伦国王的领土之内，许多地方都建有皇家住所，但尼布甲尼撒在巴比伦建造的宫殿是所有皇家宫殿之中最为宏伟的。在他之前，他的父亲那波帕拉萨尔已经在游行大街西侧与其毗邻的地方修建了一座壮观的宫殿，叫作“南宫”。后来尼布 97
甲尼撒将南宫进行重新扩建。考古挖掘发现，最终定型的南宫拥有五进庭院，包含许多房间和接待室。尼布甲尼撒的正殿位于最大的院落。正殿在规模上与凡尔赛宫的镜厅相似，据说这里便是伯沙撒举行宴会的地方。南宫是尼布甲尼撒在巴比伦最重要的皇家居住地，但在其统治末期，这位统治者在南宫的北面紧挨着它又建造了一座宫殿。曾有理论指出，这座后来建成的北宫应该包含一座博物馆，依据是在此处发现了大量的古代遗物，包括一座玄武岩雕刻而成的巴比伦之狮，另外还有不同神明、国王和总督的雕像和石碑，其中有些可以追溯到公元前3千纪。但这个理论现在已经被彻底否定。南北两座宫殿都有强大的防御系统来保卫王室安全。

巴比伦还有第三座宫殿，是尼布甲尼撒在城市最北端建造的。这座宫殿位于巴比伦外城墙的旁边，俗称“夏宫”，因为考古学家曾经以为在宫殿内发现的一处遗迹是通风井。但过了很久之后才发现，这些遗迹是帕提亚时代人们在夏宫遗址上建造的一座堡垒的地下部分。但不管真相如何，“夏宫”远离城市中心却又依然处于外城墙的防御工事之内，因此既可以为国王在城市的喧嚣之外提供休憩之处，又因为离城市中心不算遥远，可以为国王处理首都和国家事务带来便利。

位于巴比伦城市最核心区域的是整个巴比伦尼亚世界最神圣的建筑群。这里的神庙用围墙围护起来，名为埃萨吉拉神庙区。这个名字来源于苏美尔语，意思是“有高耸屋顶的寺庙”。神庙的历史至少可以追溯至公元前2千纪早期，自古以来一直被尊崇为至圣之地。神庙中建有圣殿，供奉巴比伦尼亚最重要的神祇马尔都克。公元前689年，辛那赫里布洗劫巴比伦时曾将
98 神庙摧毁。到了亚述王国晚期，这里进行了部分重建，被辛那赫里布抢走的马尔都克神像也回归原位。然而到了尼布甲尼撒时期，他下令对神庙区进行彻底重建，加盖了9米高的入口，增添了用稀有金属材料装饰的供奉室，房门和天花板的横梁使用的材料是从黎巴嫩运来的雪松木。神庙区内还包含供奉其他巴比伦神祇的圣殿，这些神祇包括马尔都克的妻子萨帕尼特和他的儿子纳布，后者是书吏们的守护神。（这是书吏在当时社会中重要性的明显体现，因为这个职业的守护神是巴比伦尼亚的主要神祇之一。）在一篇铭文中，尼布甲尼撒说他命人将马尔都克的圣殿覆以金箔，因此这座圣殿像太阳一般闪耀。

在巴比伦主要的宗教区域内，埃萨吉拉神庙区正北是巴

比伦第二重要的神庙区——埃特曼安吉神庙，即“天地之基神庙”。供奉马尔都克的塔庙就位于这里。这位神祇的圣殿坐落在一个六层高的平台上，于约公元前2千纪晚期建成，也有可能更早一些。埃特曼安吉神庙后来也被辛那赫里布摧毁，后来他的继任者们进行了部分修复工作。但是，和埃萨吉拉神庙一样，埃特曼安吉神庙在那波帕拉萨尔统治期间进行早期重建之后，主要部分是在尼布甲尼撒时期重新建造的。《圣经》传统中有名的“巴别塔”就是以这座神庙为原型的。

埃萨吉拉神庙和埃特曼安吉神庙两个神庙建筑群在巴比伦人的宗教生活中占据了主导地位，也是巴比伦独具特色的风景。庙塔尤其是引人注目的地标性建筑，同时它还是一个颇有用处的瞭望点，在敌人进犯时可以发出预警。除此之外，巴比伦城中的各个区域还有许多其他神庙，比如沙玛什神庙和女神古拉的神庙。这些神庙与巴比伦的城市建筑更加紧密地融合在一起；它们没有被围合成神庙区，而是隐藏在周围的民宅中。

与早期巴比伦的住宅区一样，这个时期的住宅大部分可能是通过狭窄的街道相连通的。这些街道并无规划，因此布局凌乱，有时还会有死胡同。房屋本身也和过去的房屋没有什么区 99
别，有围墙将它们与外界隔开。几个房间围起来，中间形成一个院子，这样房间便不会阴暗，也可以通风。富裕的人家有时可能有一进或者几进院落，个别人家的房子会建成两层。

巴比伦“空中花园”

当然，在离开尼布甲尼撒统治的巴比伦之前，我们不能不提到后世人们印象中与巴比伦有关的最著名，也是最有争议的历史遗迹之一——所谓的“空中花园”。

“空中花园”的故事颇具浪漫色彩。公元前3世纪，巴比伦祭司贝洛索斯（用希腊文）写了一部描述巴比伦历史和传统的著作，“空中花园”的故事便出自这里。但不幸的是，这部作品现在只有部分内容还留存于世。“空中花园”的故事由于史学家约瑟夫斯的引用而得以从这部著作中保留下来。故事讲的是尼布甲尼撒的妻子，来自米底王国的安美依迪丝王妃非常怀念家乡山中葱郁的景色（而巴比伦尼亚多是平地，风景也毫无特色，与米底截然不同）。因此，国王竭尽所能，想为她在巴比伦打造一个与米底家乡相似的环境。他命人建造了几层高高的石台，上面种植了各种花草树木。他希望这个建筑可以让王妃想起米底家乡郁郁葱葱的山林，这样她在巴比伦的新环境中也能更加轻松自在。“空中花园”可以说是为讨一位思乡的异国新娘的欢心而建造的。

贝洛索斯所说建有“空中花园”的宫殿，可以很容易地判断出是尼布甲尼撒的北宫。但不管是在北宫还是邻近的南宫，抑或是巴比伦的其他地方，人们都没有找到可以证明是“空中花园”的遗迹。事实上，虽然“空中花园”一直是世界公认的七大奇迹之一，但只有这个奇迹的真实性还有待证明。罗伯特·科
100 尔德威声称自己发现了“空中花园”遗址的说法已经被证明无凭无据，而其他各种认为“空中花园”在巴比伦某处的说法也都被一一证伪。除此之外，我们还需要补充一个事实：无论在尼布甲尼撒时代还是其后，都没有一份楔形文字的历史资料提到过“空中花园”。尤其值得玩味的是，一谈到巴比伦的各种奇迹便滔滔不绝的希腊历史学家希罗多德从来没有说过哪怕一个词来

描述“空中花园”。

我们还需要指出，在古典时代的资料中，提到“空中花园”的那些资料几乎没有一个将其归功于尼布甲尼撒。有一种传统认为，建造“空中花园”的是希腊神话中的传奇王后塞弥拉弥斯。她的历史原型是一位公元前9世纪的亚述王后。但在近东历史上，尤其是幼发拉底河畔和伊朗地区的许多伟大历史遗迹，被归功到塞弥拉弥斯身上的不止一处。西西里的狄奥多罗斯认为，“空中花园”的建造者不是塞弥拉弥斯，而是后来叙利亚（他可能想说的是“亚述”，而不是叙利亚）的一位国王。这位国王娶了一位波斯的妃子，她怀念自己家乡山中的草地，渴望能看到类似的景色，因此国王应她的要求修建了一座“空中花园”，在逐渐上升的梯形高台上建造了一座人工园林，高台的重量由一系列的廊台或者拱顶支撑。

虽然狄奥多罗斯与贝洛索斯描述的“空中花园”有相似之处，但是我们所接触到的古典时代文献整体上存在着前后矛盾之处。这不可避免会引发这样一些疑问：“空中花园”的传说有没有历史依据？“空中花园”位于尼布甲尼撒时代的巴比伦这种说法是不是无稽之谈？“空中花园”的概念是否只是一件具有异国风情的近东园艺展品所引发的一个浪漫的想象而已？在关于“空中花园”的无数辩论中，有人确实提出了这样一个解释。

但即便如此，仍然时常有人指出“空中花园”的传说是有历史事实可依的。最近，历史学家史蒂芬妮·达丽博士对这种观点进行了详细的辩护。她认为，“空中花园”确实存在，但它并不在巴比伦。达丽博士指出，古典时代文献中常会把巴比伦与亚述王国的首都尼尼微混淆（有时候人们还会把其他并非巴比伦的城市称为“巴比伦”)，基于此，她提出“空中花园”应该在尼尼微。

达丽博士引证的论据之一是，公元前7世纪的一篇铭文中描述了一座位于尼尼微的建筑，与古典时代后期文献中描述的“空中花园”存在不少相似之处。她还指出，1854年在发掘尼尼微古城时出土了一块浮雕，上面描绘的图案是在一层层升起的高台上种着成排的树木。因此达丽博士的结论是“空中花园”是亚述国王辛那赫里布在尼布甲尼撒成为巴比伦国王之前在尼尼微修建的，而且建造者在修建的过程中便怀有让这座花园成为“世界奇迹”的想法。

这便引出另外一个问题：当时“空中花园”是如何浇灌的？达丽博士认为，辛那赫里布时期使用了一种新的浇铸青铜的方法，工匠们用这种方法制造出一个巨大的螺旋水泵，这样就可以不间断地将大量的水从河中汲取出来，输送到“空中花园”的各层平台上去。

鉴于目前缺乏确凿的证据，达丽博士的“尼尼微论”现在只是猜测性质的推论。一些学者指出，亚述王国时期应该还未掌握制造巨型螺旋水泵的技术，因此无法实现为悬空森林提供足够灌溉水源的功能。更重要的是，在尼尼微，考古学家还没有发现辛那赫里布的“空中花园”的遗迹。是否有机会进一步探索这种可能性，我们拭目以待。

第九章

晚期的巴比伦尼亚
（公元前6世纪—公元2世纪）

波斯人统治下的巴比伦尼亚

在以赛亚的预言中，巴比伦的命运将是无比凄凉的："巴比伦素来为列国的荣耀，为迦勒底人所矜夸的华美，必像神所倾覆的所多玛、蛾摩拉一样。其内必永无人烟，世世代代无人居住。阿拉伯人也不在那里支搭帐棚，牧羊的人也不使羊群卧在那里。只有旷野的走兽卧在那里，咆哮的兽满了房屋；鸵鸟住在那里[①]，野山羊在那里跳舞。豺狼必在他宫中呼号，野狗必在他华美殿内吼叫。巴比伦受罚的时候临近，他的日子必不长久。"（《以赛亚书》13: 19—22）在《圣经》传说中，这便是巴比伦故事的末日结局——在伯沙撒举行宴会的大厅墙壁上，突然出现的文字宣布巴比伦即将毁灭，那神秘的文字预言了伯沙撒的死亡，还说"米底人"（即波斯人）将会在那天晚上攻占他的王国。

---

① 汉语译本的《圣经》大都将这句翻译为"鸵鸟住在那里"。——译注

但事实上《圣经》对巴比伦灭亡的预言过于夸张了。公元前539年秋天，居鲁士入侵巴比伦尼亚，并在欧庇斯城附近的一场战役中以摧枯拉朽之势击溃了那波尼德斯的军队。从此之后，巴比伦尼亚的所有抵抗实际上已经结束。对于居鲁士来说，无上荣耀的时刻应该是他得意洋洋胜利进入巴比伦城的时刻。据说当时城中人人欢欣鼓舞，欢天喜地。一篇著名的巴比伦铭
103 文对此进行了记载，文中讲到巴比伦城所有居民——事实上整个王国的居民，包括国王和王子们——在居鲁士到来的时候，纷纷对他鞠躬致意，亲吻他的脚，称颂他的名，兴高采烈地欢迎他成为这个国家的新王。这篇铭文刻在一个黏土圆筒上，一般被称为“居鲁士铭筒”，于1879年发现于巴比伦，现存于大英博物馆内（见图13）。虽然铭文的作者不详，但这篇文章极大可能受到了波斯人的影响，带有浓重的《圣经》弥赛亚救世主风格。在这篇铭文以及居鲁士当地支持者的其他作品中，那波尼德斯基本都会被单独挑选出来，针对他的语言往往极其尖酸刻薄。

事实上，巴比伦尼亚首都人民对于居鲁士的态度可能并没

图13　居鲁士铭筒

有这些文章所描写的那么热情——那波尼德斯可能也远远没有这些文章所竭力描述的那样令人厌恶。在居鲁士进入巴比伦城之前，他的军队即使没有真正采取什么军事行动（对此我们并不能完全确定），应该也已经事先谨慎地排除了各种危险。但居鲁士应该很快便赢得这些新国民的爱戴，这尤其是因为从他踏入巴比伦城那一刻起便对士兵严格约束，要求他们不能危害城市——不能抢劫，不能毁坏建筑，不能杀戮居民。事实上，居鲁士一开始便清楚地表明，巴比伦以及巴比伦尼亚历史悠久的传统、信仰、神明和宗教习俗都会受到尊重、保护并将得到延续。 104

他这种善意最典型的一个例子是：当初波斯军队即将大举压境之时，那波尼德斯为了妥善保护神祇们的雕像，命人将这些神像从供奉它们的城市全部运到巴比伦。居鲁士入城之后便下令将所有神像安全送回本来供奉它们的神殿。他宣布自己是巴比伦主神马尔都克的虔诚信仰者，并以马尔都克选定的代理人自居，声称自己将代表马尔都克统治世界，恢复那波尼德斯所忽视或摒弃的巴比伦尼亚传统。为了进一步让自己恢复巴比伦人的古老传统的行为更加引人注目，居鲁士还设法消除了那波尼德斯统治时期留下来的每一抹痕迹，并下令将那波尼德斯的名字从巴比伦尼亚王国所有的纪念碑上抹去。

居鲁士尊重并维护巴比伦尼亚传统的另一个表现是，任命王储冈比西斯作为自己的代表去参加一年一度的巴比伦新年节。之前因为那波尼德斯旅居阿拉伯半岛，巴比伦人已经很久没有庆祝过这个节日了。居鲁士自己还承袭了巴比伦尼亚国王很多的传统头衔和角色。波斯帝国的第一首都苏萨城现在已经超越巴比伦，成为近东世界的权力中心。但居鲁士仍然保留了巴比伦作为皇家首都的地位，同时它也仍然是美索不达米亚主要的行政管理中心。巴比伦的官员体系也基本原封不动地保留，只不过现在是由一位波斯任命的总督来进行管理。

《圣经·旧约》对居鲁士也给予了非常正面的评价，称他是“耶和华所膏”（《以赛亚书》45: 1），因为他释放了巴比伦之囚，让犹太人摆脱了几十年来所受的奴役返回自己的家乡，在耶路撒冷重建被毁灭的家园和神庙。许多犹太人确实返回了故土，但还有许多犹太人决定留在巴比伦。事实上，对于年轻一代犹太人来说，巴比伦尼亚才是他们的家乡。对于有进取心的人而言，无论出生在哪里，在巴比伦尼亚这样一个地方，都可以通过一系列的商业、文化或者智力方面的活动过上舒适的生活。因此，在居鲁士下令释放犹太人很久之后，依然有大量犹太人生活
105 在巴比伦尼亚，享受着这里的生活所提供的种种便利。

在居鲁士的继任者冈比西斯统治期间，巴比伦尼亚整体上似乎一直是波斯帝国一个稳定、繁荣、和平的属地，但其中也有不和谐的元素存在。冈比西斯去世后，两个自称是那波尼德斯后裔的巴比伦人（每一位的名字都是尼布甲尼撒）先后在巴比伦尼亚反叛军的支持下夺取了巴比伦的王位。冈比西斯的第一位继任者大流士一世是位很有才干的国王，他终止了叛乱者的野心，击败他们的军队，将他们投入监狱后处死。巴比伦尼亚的生活表面上又重归宁静。大流士一世个人则与巴比伦保持着密切的联系，有不少冬天都是在那里度过的。后来他又任命王储薛西斯作为自己在巴比伦的代表，来表达他对这座城市的重视。大流士一世还在巴比伦修建了一座新的宫殿作为薛西斯的皇家住所。因为这一举措，公元前486年大流士一世死后，薛西斯对

巴比伦尼亚的统治才得以平稳过渡。

但在巴比伦尼亚至少一部分人当中，对波斯统治的抵抗情绪一直在持续发酵。薛西斯为了给自己的军事行动提供资金支持而对国民横征暴敛，似乎是在给这种反抗情绪火上浇油。（事实上，巴比伦尼亚是所有波斯属地中苛捐杂税最沉重的地区之一。）在这种动荡不安的局势之下，巴比伦尼亚有两位“国王”试图夺取王位，重新获得独立。巴比伦尼亚人大力支持这两位“国王”，派来的波斯人总督也被他们杀了。但是，和前面两位时运不济反抗大流士一世的“尼布甲尼撒”相比，这两位“国王”同样没有成功。他们的起义同样遭到镇压，巴比伦尼亚的首都被占领，波斯人再次统治这个国家。薛西斯后来可能对首都采取了进一步的报复行动，包括洗劫马尔都克神庙。

事实上，一些学者认为，希罗多德著作中（3.152—158）提到长期包围并洗劫巴比伦的波斯国王应该是薛西斯，而不是他所
说的大流士。但是对于这一段过往，历史学验证上存在着不少 106
问题。希罗多德对公元前5世纪中期巴比伦的描述，并没有迹象表明那个时期的巴比伦曾被洗劫或者掠夺过。相反，虽然这座城市已经不复往日辉煌，但仍然会让游人产生深深的敬畏和赞叹，这可能也得益于当时新的建设项目。公元前465年，薛西斯被暗杀，王储阿尔塔薛西斯一世即位。这些新的建设项目正是在他的命令下实施的。

总的来说，波斯统治下的巴比伦尼亚仍然是一片繁荣的土地，不少城市仍然是繁忙的贸易和商业中心，同时它们依然享有作为重要知识中心的盛誉。这些特点吸引了一批批其他国家的人来此定居。巴比伦本身以及后来古典时代的文献资料都提

到，在巴比伦和巴比伦尼亚其他城市生活着来自不同国家和地区的人。大街上熙熙攘攘的人群之中，有来自东方的印度人、阿富汗人和伊朗人，有来自南方和西南方的阿拉伯人和埃及人，有来自北方的亚美尼亚人，还有来自西北方的叙利亚人、希腊人、卡里亚人、吕底亚人和弗里吉亚人。这时城市的街道上充斥着各种不同的语言。在政治方面，巴比伦尼亚在波斯帝国时代可能只处于边缘地位，但在世界化和多元文化方面，与以往任何一个时期相比，巴比伦尼亚可能都更能称得上是近东世界的国际汇聚地之一。

亚历山大大帝与巴比伦

虽然在阿尔塔薛西斯之后的几位继任者统治时期巴比伦尼亚仍有动荡，波斯统治依然持续到公元前330年。这一年，波斯帝国剩余的最后几块土地落入亚历山大大帝之手。前一年，亚历山大大帝与波斯国王大流士三世在美索不达米亚北部的村庄
107 高加米拉附近进行了一场关键的战役，结果亚历山大大帝大获全胜。虽然大流士三世设法逃出战场，他后来还是被自己阵营中的一位将军暗杀。也是在这一年，亚历山大迅速占领巴比伦尼亚，胜利进入首都巴比伦。此时历史上的一幕似乎重演：两百年前，波斯帝国的建立者居鲁士大帝声称自己进入巴比伦时受到了热情的欢迎，而两百年后，波斯帝国的毁灭者亚历山大大帝同样受到巴比伦人民热烈的欢迎。

和居鲁士一样，亚历山大也想方设法对巴比伦历史悠久的传统表达尊重和敬畏之心，以赢得民心，但他表达尊重的方式更侧重物质方面——他下令对城中的重要建筑，尤其是宗教建筑

进行修复。于是，埃特曼安吉和埃萨吉拉神庙区域的重修工程开始。庙塔也被拆除（当时的楔形文字泥石板中提到将庙塔的泥土运走的工作），以便对其进行重建（虽然这一工程后来没能完工）。据资料记载，亚历山大大帝当时的构想是在其统治期间让巴比伦重拾辉煌，因为这位君主打算将其作为自己新征服帝国的首都，以联通东西两个世界。

亚历山大大帝在巴比伦停留几个月后，便开始继续向东征战，进入波斯帝国腹地，然后继续向巴克特里亚（位于今阿富汗）和印度进发。八年之后，他重返巴比伦。此时是公元前323年的春天。修复埃萨吉拉神庙区的工作进展迅速。但是，这一次亚历山大并没有准备在巴比伦停留太长时间，因为他这次来到这里的目的是为远征阿拉伯半岛做准备。结果他再也未能离开巴比伦，因为就在他准备出发进行新的征战之前，他高烧不止，十二天后便支撑不住去世。公元前323年6月13日，亚历山大大帝病逝于自己梦想中的新首都巴比伦，年仅32岁。这位年轻国王去世之后，将巴比伦再次打造成一座伟大的皇家都城的雄心便就此结束了。

108

塞琉古帝国和罗马时期的巴比伦尼亚

亚历山大大帝死后几年，他麾下的主要军官，即所谓的“继业者”或“继承者”们，针对如何瓜分亚历山大大帝刚刚赢得的庞大但又脆弱的帝国开始了喋喋不休的争吵，一时间战事频仍。公元前320年，继业者们在叙利亚举行了一次会议，试图达成权力分配协议，瓜分帝国的不同区域。在这次会议上，亚历山大的一位坚定战友，一个名叫塞琉古的人获得了巴比伦尼亚省的控制权。这次任命对于他将来的生涯乃至后来其王朝的继任者们都具有至关重要的作用。但是，巴比伦尼亚的控制权后来一度被亚历山大的另外一位继业者夺走。此人名叫安提柯（绰号“独眼”），凶狠残暴、身经百战。巴比伦尼亚以及巴比伦因为安提柯与塞琉古两方针锋相对、争夺激烈而处于混乱的漩涡之中。

最后塞琉古一方在漫长的竞争中胜出，重新在巴比伦尼亚建立稳固的统治。在此之前，塞琉古与其他几个继业者组成联盟，在（安纳托利亚）战场上将安提柯杀死。此时，除了之前已经掌控的领地之外，塞琉古还占领了叙利亚境内一大片狭长的区域。就这样，他创建了塞琉古帝国，其疆土扩展至近东世界的辽阔区域。他在帝国内新建了许多城市，塞琉古王朝的继任者们也效仿他，继承了这一传统。塞琉古和希腊人共同对其中许多城市进行殖民统治，同时他又推行政策要求保留和尊重这些城市和地区的传统习俗和信仰，规定新、旧殖民地中的本地人和希腊人一样可以获得公民资格。另外，非希腊人团体也可以受到塞琉古统治者的捐赠和赞助，他们的宗教仪式、信仰和圣所也
109 同样受到保护和尊重。

但也是从塞琉古统治开始，巴比伦渐渐失去了近东世界的重要中心地位。与亚历山大不同，塞琉古不打算将巴比伦作为新首都，而准备在巴比伦以北约90公里处的底格里斯河畔建造一座新首都，名字叫作“底格里斯河畔的塞琉西亚”。这座城市吸引了许多新的定居者，其中不少人来自巴比伦尼亚甚至巴比伦城。虽然创建者塞琉古声称要保留传统的习俗和做法，但是在这里，希腊文化还是不可避免地侵蚀着巴比伦尼亚和其他地区古老的生活方式。不过，巴比伦依然是该地区重要的宗教中

心。塞琉古的继任者，他的儿子安条克一世下令重建巴比伦最神圣的区域埃萨吉拉，从而保证了巴比伦在宗教方面的重要地位。这种情况一直持续到公元前1世纪。

这一时期，巴比伦依然是重要的文化和知识中心。考古专家琼·奥茨评论道，在这个时代，人们似乎重新燃起对楔形文字文学作品的兴趣。也许是在安条克的支持和鼓励下，天文学和占星学研究开始繁盛。安条克的几位继任者给了巴比伦不少特别照顾，包括赏赐给它土地。巴比伦尼亚的其他城市，比如宗教信仰中心库撒和博尔西帕也获得了很多土地赏赐。事实上，在塞琉古第八位君主安条克四世（公元前175—公元前164）统治时期，巴比伦好像是塞琉古帝国的东部新首都，因而焕发出新的生机——不过，当时因为安条克在那里建立了新的希腊殖民地，这座城市很可能已经失去许多原有的传统特色。

但不久之后，巴比伦尼亚又受到另外一股势力的控制。这个政权于约公元前247年从伊朗崛起。这便是帕提亚王国[1]。王国的统治者野心勃勃，想要向西扩张，于是与塞琉古统治者以及该地区的希腊继任者之间冲突不断。自国王米特拉达梯一世（公元前171—公元前138）统治起，帕提亚的诸位国王便频繁与塞琉古帝国开战，争夺美索不达米亚的统治权。巴比伦不可避免地卷入战争之中，有时处于塞琉古帝国统治之下，有时又处于 110
帕提亚帝国统治之下。而在后者统治期间，这座城市并没有被完全忽略。事实上，有证据显示，在帕提亚统治时期，巴比伦城里开展了一些建设活动。最重要的一点是，当时埃萨吉拉神庙

① 也称安息帝国。——译注

在巴比伦仍然继续发挥着宗教中心的功能。除了巴比伦尼亚宗教生活中的传统元素之外，精神生活中的一些传统元素也同样得以完好保留至公元1世纪。考古学家们发现了书写于公元1世纪晚期的楔形文字文本，其内容仅限于天文和数学方面，而到了公元1世纪末期，用楔形文字书写的内容便完全绝迹。

关于这一时期巴比伦的物质生活情况，古典时代资料中的描述不尽相同。西西里的狄奥多罗斯的描述给我们的印象是，在公元前1世纪晚期巴比伦这座庞大的城市已破败不堪、满目疮痍，但巴比伦的城墙依然令人赞叹——事实上，狄奥多罗斯将这些城墙称为世界七大奇迹之一——而彼时城墙内大部分区域已经变成农田；城中的主要建筑，包括埃萨吉拉神庙，那时候已经只剩下断壁残垣。然而，一个世纪之后，古罗马作家老普林尼却说埃萨吉拉神庙仍然运作正常。实际上，一直到公元3世纪，虽然神庙周围的区域已经破败荒芜，神庙可能依然在正常运作。据说，公元116年罗马帝国皇帝图拉真在幼发拉底河东岸指挥完作战后返回罗马途中行经巴比伦时，这座城市便已是这样一幅景象了。在巴比伦，图拉真凭吊了亚历山大大帝。据说他还专门在亚历山大大帝去世的那间屋子里悼念了他。

巴比伦尼亚的遗产

但是在接下来的几个世纪里，巴比伦从来也没有从人类的记忆中完全消失。事实上，现存的书面记录指出，公元9世纪和
111 10世纪巴比伦的部分地区重新有人居住。此时它是一个省会，所属的行政区名字叫作巴别。因为与《圣经》的关联，这里吸引了许多早期的犹太和基督信徒参观游览。在这些旅游者当中，

第一个比较知名的人物是一位来自西班牙北部的犹太拉比，人称图德拉的本杰明。他被犹太传统中关于巴比伦的故事吸引，并对仍然居住在那里的犹太群体的知识很感兴趣，公元1160年到1173年之间，他曾两次去参观巴比伦和巴比伦尼亚的其他遗址。他是第一个向我们描述巴比伦遗迹的欧洲人。他的描述中包括了尼布甲尼撒所建宫殿的遗迹。还有一处地方图德拉的本杰明认为是巴别塔的遗址。不过，他声称这些遗址位于另外一座巴比伦尼亚城市博尔西帕。

在接下来的三个世纪中，又有几位旅行家追随本杰明的脚步而来。毫无疑问，他们旅行的主要原因之一是想亲眼看看《圣经》中的预言成真——巴比伦尼亚世界曾经一度自豪的首都现在是大片荒烟蔓草的土地，蛇蝎遍布，野兽成群（这些早期的旅行家是这么说的）。在文艺复兴全盛时期，从16世纪开始，人们对古代世界以及从那里出土的古物兴趣日渐浓厚，于是越来越多的西方旅行者来到美索不达米亚参观游览。巴比伦因为与《圣经》密切相关，又被古希腊和罗马作家在作品中频频提及，因而成为旅行者瞩目的焦点之一。

一直到那时，甚至一直到19世纪上半叶为止，我们对巴比伦的认识都来源于以下三个方面：从公元10世纪开始络绎不绝的游览者对这座城市遗址的描述，《圣经》对这座城市的无数描述和预言，以及古典时代作家的记述。在这三个方面的来源之中，最有影响力的莫过于《圣经》对巴比伦这座城市充满敌意的表述。这些来源毫无意外造成了犹太–基督教传统中对巴比伦 112
极度负面的认识，这也深刻影响了西方艺术和文学作品中对巴比伦形象的塑造。其中最为著名的作品包括德国画家勃鲁盖尔的《巴别塔》、英国画家布莱克的《尼布甲尼撒》，以及荷兰画家伦勃朗的《伯沙撒的盛宴》。

显而易见，这些对巴比伦的整体描绘是扭曲而褊狭的。但直到维多利亚时代中期，这一情况都没有改变的可能，因为那个时候古巴比伦人没有办法为自己辩护。直到19世纪中叶楔形文字和语言被破译，这一情况才得到扭转。直到这个时候，我们才第一次接触到巴比伦尼亚人自己所写的书面记录。而在此之前，我们对他们的认识仅仅局限于其他民族的人们对他们的描述，这种描述通常狭隘而又片面，并且通常还是在事件发生几百年之后才书写的。巴比伦尼亚人用楔形文字写成的文本，记录了他们对同时代以及后世的文明在社会、知识以及文化方面所做出的无数贡献。这些文本再加上19世纪晚期在巴比伦进行的第一次综合性考古发掘，中和了人们对巴比伦狭隘和片面的认识。

《汉谟拉比法令》强调，要确保正义遍布巴比伦尼亚的土地，确保法律可以向社会中最脆弱的成员提供保护，侵犯他们的人则会付出代价。编写者汉谟拉比和他的许多继任者很重视这种理念。通过《法令》，汉谟拉比维护了美索不达米亚早期几位国王通过社会改革项目所确立的公平正义的基本原则。这部法律、条令的集合也为后世的法律判决例如《赫梯法典》提供了基础。《旧约》中的律法也有《汉谟拉比法令》中一些条例的影子，比如《旧约》中的利未婚[①]条款，以及对性侵犯和其他侵犯所设置的一系列刑罚等都与《汉谟拉比法令》中的条款有相似之处。

① 指女性在丈夫死后嫁给其兄弟的行为、习俗或法律。——译注

另外，汉谟拉比所颁布的法律中“以眼还眼，以牙还牙”的原则在《旧约》的法律传统中具有根深蒂固的影响。

因为犹太人被迫在巴比伦居留了几乎半个世纪之久，许多 113
犹太人，尤其是祭司和学者深受巴比伦习惯、传统和风俗的影响，他们在犹太文化中对这些进行了吸收和保留。因此，《创世记》中关于大洪水的《圣经》故事很明显受到美索不达米亚文学中大洪水叙事的影响——比如从中可以看到巴比伦尼亚《阿特拉哈西斯史诗》和《吉尔伽美什史诗》中洪水故事的影子。这些史诗与其他美索不达米亚“经典”一起，在后来的几个世纪融入近东世界的文化脉络之中。比如，在近东世界的几个中心城市都发现了流传几百年之久的《吉尔伽美什史诗》残缺版本。这些巴比伦杰作是那些为书吏这一职业做准备的学生们所接受的训练项目中必不可少的一部分。

通常来讲，从汉谟拉比时代开始，巴比伦语便成为近东世界使用的主要国际语言，而且地位相当稳固。事实上，在后来的几个世纪，从青铜时代晚期到铁器时代，再到公元前1千纪前后，巴比伦语一直是近东世界的通用语言，后来阿拉姆语才取代了它的地位。巴比伦尼亚也是赫梯人将楔形文字作为赫梯语书写系统的最早源头，其媒介应该是赫梯王国早期在巴比伦尼亚所进行的军事行动中从叙利亚带回的书吏。在这一过程中，他们将《吉尔伽美什史诗》融入赫梯书吏的学习课程。

赫梯人发挥了一定的作用，把源于巴比伦尼亚乃至整个美索不达米亚的文化传统传播到希腊和罗马的西方世界——虽然在这个方面，叙利亚北部地区发挥的作用可能更大一些。几乎可以肯定的是，公元前8世纪的希腊史诗诗人荷马对于《吉尔伽

美什史诗》有一定了解，在创作《伊利亚特》和《奥德赛》时曾从其中一些情节和思想获得灵感。学者们指出，《吉尔伽美什史
114 诗》和荷马的史诗在主题、单个情节以及所描写的风俗方面有许多共同之处。此处我们还可以顺便指出，公元2世纪时期的讽刺作家琉善确实曾经说过荷马是巴比伦尼亚裔——当然，我们几乎可以确定他这么说只是在开玩笑。

在巴比伦尼亚历史上，许多科技领域也取得了重大进步。巴比伦尼亚人以他们的治疗技术而闻名，这一点可以通过加喜特时期赫梯皇室要求巴比伦尼亚医疗从业者为他们服务而得到证明。另外，以六十进制为基础（即以六十为单位进行计数——我们今天在某种程度上仍在使用这种计数方式，比如我们所用的时间度量单位）的数学在巴比伦尼亚世界的各种专门技能中处于重要地位。在古巴比伦尼亚时代，书吏学校的学生就已经掌握了代数、二次方程式、三次方程式以及几何等方面的解题技能。

巴比伦尼亚人对数学的研究与对天文学和占星学这两个紧密相关领域的研究是相辅相成的。这些研究对希腊科学的发展，尤其是亚历山大大帝去世之后的三个世纪，即我们所称的"希腊化时代"科学的发展影响巨大。在巴比伦尼亚世界，占卜者和预言家很受重视，因为他们可以通过检查牲羊肝脏、观察天象等各种各样的方式来解读神明意志，给未来的事情提出建议。这些占卜习艺者被叫作"迦勒底人"，在古典时代颇受尊重。受到他们的深刻影响，古希腊和罗马也有相似的行业。在占星学领域以及在其他知识领域，古巴比伦尼亚对于古典时代世界的影响到底到了什么程度，这一点直到楔形文字语言被破译才真

相大白。

研究天体运动是占卜从业者在预测未来事件和解读神明意志时所使用的重要方法之一。然而,“占星学”这个词在现代会 115
让人联想起算命者的胡言乱语以及报纸和杂志上的“今日运势”专栏,其内涵意义已经与巴比伦语境下这一领域的研究所具有的严肃性和科学性大相径庭。在巴比伦尼亚世界中,占星学与天文学是紧密相关的。事实上,甚至可以说天文学的研究脱胎于占星学。两者都需要在很长的一段时间内对天体现象做出详细而系统的记录。占星人为了预测未来或者解读神明意志,在对恒星和行星的运动进行常规观察的过程中意识到,如果辅以数学计算,这些天体的运动,还有诸如日食、月食等现象是可以预测的。他们还发现,这些运动和现象是自然循环,而不是某些神明一时兴起而导致的随机事件。

在巴比伦尼亚,天文学研究至少可以追溯至公元前2千纪上半叶。据资料记载,在汉谟拉比王朝的倒数第二位国王阿米-萨杜卡(约公元前1646—公元前1626)统治时期便有对金星运行的观察记录。最晚从这个时期开始,人们就在持续地记载天体预兆,这些记录后来成为制定巴比伦尼亚历法的主要基础之一。到了公元前8世纪中期,在那波那萨尔统治时期,已经有了精确的日食、月食记录表,而到了同一世纪末期,人们已经可以相当精准地预测月食以及相对较少发生的日食了。到了公元前1千纪中期,出现了建立在坚实科学研究基础之上的天文学研究。即便如此,天文学依然与预言术紧密相关。以解读神明意志为目的而从事天文学研究的人不少都是巴比伦尼亚社会中的杰出学者。

116 公元前1千纪晚期，巴比伦人发明了黄道十二宫，随之而来的是个人占星术的发展。其方法是“专家”通过解读一个人出生时的星座对于他的影响来规划这个人的未来。虽然从公元前1世纪开始，个人占星术开始明显流行起来，但对于真正从事占星术研究的人而言，这种预测工作似乎算不上一种严肃的职业。

公元前539年，新巴比伦王国陷落，波斯统治开始，占卜等从业者在古典时代仍然深受敬仰，其中包括通过观察和解读天象来理解神明旨意的占卜者。“迦勒底人”这个名字（当时和“巴比伦尼亚人”是同义词）通常被用来指占星人，还用来笼统地指巴比伦尼亚的算命人和预言家。（或者可以这样理解，真正的迦勒底裔尤其以这些职业而闻名。）尤其是希腊化时期，当塞琉古王朝统治巴比伦尼亚以及近东世界其他地区时，天文学研究作为一门复杂的、以数学为基础的科学达到了顶峰。公元前4世纪下半叶巴比伦尼亚最伟大的天文学家基丁努就是这一时期出现的人物。在那个时代，巴比伦尼亚和希腊天文学家已经开始合作，后来他们之间的合作越来越多。从更广泛的角度来看，情况正如考古学家琼·奥茨所言：“占星学、数学以及天文学在古典时代获得长足发展，并逐渐壮大。以阿拉伯为渠道进行传播的希腊化时期的科学将在古代世界和西欧占据主导地位，这种情况一直持续到牛顿时期。但这些科学的源头在巴比伦尼亚。塞琉古时期的巴比伦尼亚天文学背后有超过一千年之久的数学的长足发展作为支撑，这毫无疑问是古代世界真正科学发展的中坚力量。”

然而，巴比伦堕落颓废、肆意挥霍、毫无节制的典型形象依

然在现代世界人们的认知中占据着举足轻重的地位。犹太-基
督教对巴比伦形象的塑造本就不佳，西方艺术对巴比伦及其统 117
治者的描绘又耸人听闻，这就让情况更加雪上加霜。虽然研究
美索不达米亚的现代学者们为这一世界最伟大文明之一的中心
提供了更加平衡的观点，但目前在人们心目中，巴比伦的负面形
象依然占据着支配地位。 118

主要事件、时期及统治者年代顺序表

（本书中提及的新巴比伦王国之前的所有日期均为大致日期。各个时期的起讫年代均由研究青铜时代和铁器时代的不同学者提出）

青铜时代早期

公元前2900—公元前2334	早王朝时期
公元前2334—公元前2193	阿卡德帝国
公元前2112—公元前2004	乌尔第三王朝

青铜时代中晚期

公元前2000—公元前1735	古亚述王国时期
公元前1880—公元前1595	古巴比伦王国时期
公元前1792—公元前1750	汉谟拉比统治时期
公元前17世纪初期—公元前12世纪初期	赫梯王国
公元前1595	赫梯洗劫巴比伦

—公元前1570—公元前1155　加喜特王朝

铁器时代

公元前1154—公元前1027	伊辛第二王朝
公元前1026—公元前1006	海国第二王朝
公元前1005—公元前986	巴兹王朝
公元前979—公元前732	E朝代（巴比伦第八王朝）
公元前911—公元前610	新亚述帝国

新巴比伦王国时期（各君主统治时间从第一个完整的执政年份算起）

公元前626—公元前539	新巴比伦帝国
公元前625—公元前605	那波帕拉萨尔统治时期
公元前604—公元前562	尼布甲尼撒统治时期
公元前587或公元前586	耶路撒冷陷落
公元前555—公元前539	那波尼德斯统治时期

波斯时期

公元前559—公元前330	波斯帝国
公元前559—公元前530	居鲁士二世统治时期
公元前539	居鲁士攻占巴比伦
公元前330	巴比伦尼亚被亚历山大大帝攻陷

希腊化和罗马时期

公元前323	亚历山大大帝病逝于巴比伦

公元前305—公元前64	塞琉古帝国
公元前247—公元224	帕提亚王国
公元前1世纪晚期—公元2/3世纪	巴比伦尼亚与罗马时期

君主列表

（巴比伦主要君主列表；各君主统治时间从第一个完整的执政年份开始算起）

古巴比伦王国国王列表（大致日期）

（苏穆-阿布姆）	公元前1894—公元前1881
苏穆-拉-埃尔	公元前1880—公元前1845
萨比乌姆	公元前1844—公元前1831
阿皮尔-辛	公元前1830—公元前1813
辛-穆巴利特	公元前1812—公元前1793
汉谟拉比	公元前1792—公元前1750
萨姆苏-伊鲁纳	公元前1749—公元前1712
阿比-埃舒	公元前1711—公元前1684
阿米-狄塔纳	公元前1683—公元前1647
阿米-萨杜卡	公元前1646—公元前1626
萨姆苏-狄塔纳	公元前1625—公元前1595

加喜特国王列表（大致日期）

阿贡二世	—公元前1570—
布尔那布里亚什一世	—公元前1530—
卡什提里亚什三世	公元前16世纪晚期
乌兰布里亚什	—公元前1500—
三位国王	公元前15世纪早期—晚期
库里加尔祖一世	公元前15世纪晚期—公元前1374
卡达什曼-恩利尔一世	公元前1374—公元前1360
布尔那布里亚什二世	公元前1359—公元前1333
卡拉-哈尔达什	公元前1333
那兹-布嘎什	公元前1333
库里加尔祖二世	公元前1332—公元前1308
那兹-玛鲁塔什	公元前1307—公元前1282
卡达什曼-图尔古	公元前1281—公元前1264
卡达什曼-恩利尔二世	公元前1263—公元前1255
库杜尔-恩利尔	公元前1254—公元前1246
沙噶拉克提-舒瑞亚什	公元前1245—公元前1233
卡什提里亚什四世	公元前1232—公元前1225
恩利尔-那丁-舒米	公元前1224
卡达什曼-哈尔帕二世	公元前1223
阿达德-舒玛-伊地那	公元前1222—公元前1217
阿达德-舒玛-乌苏尔	公元前1216—公元前1187
美里-什帕克	公元前1186—公元前1172
马尔都克-阿普拉-伊地那	公元前1171—公元前1159

扎巴巴-舒玛-伊地那	公元前1158
恩利尔-那丁-阿黑	公元前1157—公元前1155

新巴比伦王国国王列表

那波帕拉萨尔	公元前625—公元前605
尼布甲尼撒	公元前604—公元前562
阿莫尔-马尔都克	公元前561—公元前560
涅里格利沙尔	公元前559—公元前556
拉巴施-马尔都克	公元前556
那波尼德斯	公元前555—公元前539

索 引

(条目后的数字为原文页码，见本书边码)

A

B

C

D

E

F

G

H

N

O

P

Q

R

S

T

U

W

X

Y

Z

Trevor Bryce

BABYLONIA

A Very Short Introduction

Contents

Acknowledgements

It has been a pleasure to work with OUP's editorial staff, particularly Andrea Keegan, Jenny Nugee, and Carrie Hickman, throughout this project. My sincere thanks are due also to the School of Historical and Philosophical Inquiry, University of Queensland, for its valuable infrastructural support. I am most grateful to Dr Heather Baker, who read the manuscript in draft and suggested many valuable improvements, and to OUP's anonymous external reviewer, from whose comments I have gained much benefit in preparing the final manuscript of this book. Once again, I wish to express my sincere thanks to Dorothy McCarthy, who has copy-edited two of my previous books, for her careful reading of the text and her meticulous attention to detail in preparing this book for publication.

Trevor Bryce, University of Queensland

September, 2015

List of illustrations

Introduction

Babylon was one of the greatest cities of the ancient world (Figure 1). Its very name, like that of Rome, evokes an image of power, wealth, and splendour—and decadence. The two names are closely linked in biblical tradition, for in the Book of Revelation Rome is damned as the 'Whore of Babylon'—and thus identified with a city whose image of oppression and wantonness persisted and flourished long after the city itself had crumbled into piles of dust. We shall see how Babylon's biblical image has in so many respects been countered by the recovery of its own history and civilization, through the decipherment of the language of its tablets and the sifting of its archaeological remains. Both sets of sources reveal to us a city whose origins date back almost two thousand years before the foundation of Rome. Among the longest continuously inhabited urban settlements in human history, it became the centre of one of the most culturally and intellectually vibrant civilizations of the ancient world, exercising a profound influence on its Near Eastern contemporaries, and contributing in many respects to the religious, scientific, and literary traditions of the Classical world.

However, the pages that follow deal not just with Babylon, but with the whole of southern Mesopotamia, extending southwards from modern Baghdad, in the region where the Tigris and the Euphrates closely approach each other, through the marshlands

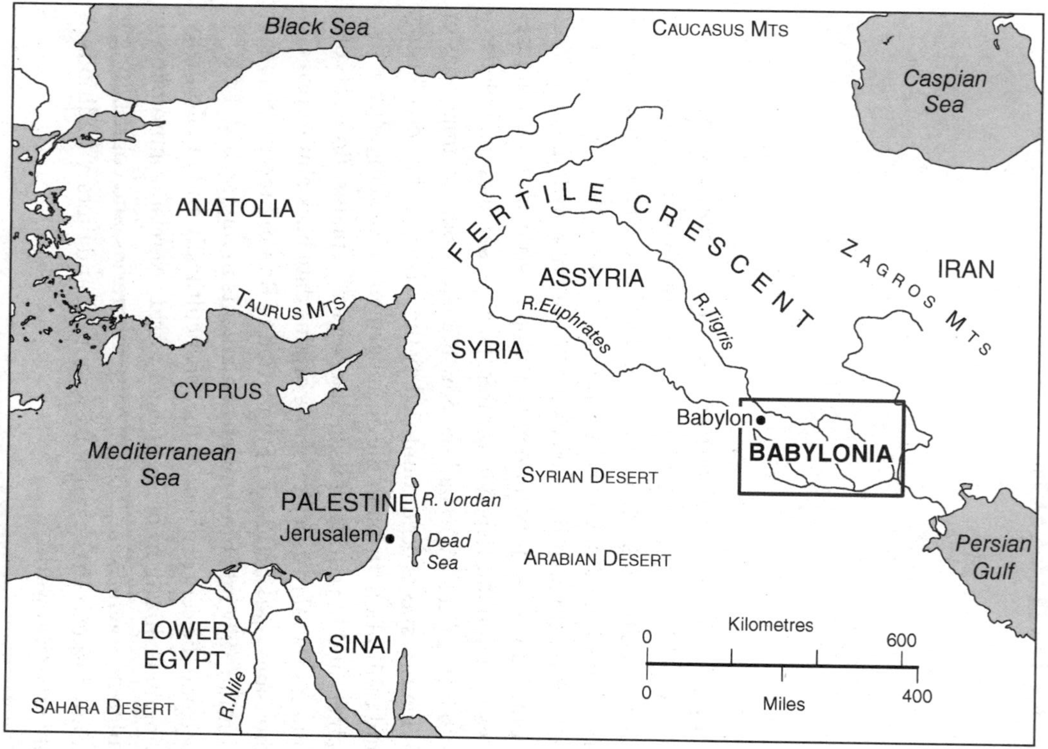

1. The ancient Near Eastern world.

in the deep south to the Persian Gulf. Babylon, lying on the Euphrates just south-west of Baghdad, was but one of many urban communities that arose in southern Mesopotamia during the third millennium BC, the period we call the Early Bronze Age. By the time the small village that was to become the city of biblical notoriety had been born, probably around the middle of the millennium, southern Mesopotamia had for centuries been the homeland of a cluster of city-states which made up the Sumerian civilization. Commonly referred to as 'the cradle of civilization', the land we call Sumer (its own inhabitants called it Kengir) emerged early in the millennium as the first major focus of organized urban life in the Near East.

There is still debate over the origins of the Sumerians—whether they were newcomers arriving in Mesopotamia at the end of the fourth millennium, or whether they evolved out of the indigenous peoples of the region. In any case, their high level of practical and organizational skills enabled them to master the harsh natural environment in which they lived, and to thrive, not merely survive, in it. Large desert tracts occupied much of the flat, mostly arid plain that lay between the Tigris and Euphrates, barely moistened by the region's meagre rainfall which frequently failed altogether. Drought was an ever-present threat to human survival.

The Sumerians confronted the threat and triumphed over it. Their building of a large network of canals which formed a complex irrigation system was one of their outstanding practical achievements. It was this achievement above all that enabled them to turn a region so hostile to human development into the homeland of a prosperous, sophisticated civilization. The era of the Sumerian city-states is known as the Early Dynastic period, generally dated from *c.*2900 to 2334 BC. It was an era of great material prosperity, due both to the Sumerians' effective exploitation of the natural environment and to their extensive trading enterprises. (The latter were necessitated by the almost total lack of natural resources in the region, like timber and metals.)

It was also an era of outstanding artistic achievement—illustrated by the famous artworks produced by Sumerians artists and craftsmen, like those from the so-called royal tombs of Ur.

The end of the Early Dynastic period came with the rise of a new power in the northern part of southern Mesopotamia. Through much if not all of the Sumerian period, southern Mesopotamia was inhabited by another ethnic group, this one of Semitic origin. Derived from the name Shem, one of Noah's sons, 'Semite' (adjective 'Semitic') is a term coined in the eighteenth century AD to refer to a number of prominent western Asian population groups, including the Babylonians, Assyrians, Canaanites, Phoenicians, Hebrews, and Arabs, because of certain similarities observable in their languages and cultures. Around 2334, a Semitic leader called Sargon founded a ruling dynasty in the city Agade (location as yet unknown) in the northern part of southern Mesopotamia, and established the first empire in Near Eastern history. Called the Akkadian empire, it extended at the height of its power over the whole of Mesopotamia, as far north as Kurdistan, east to the Zagros mountains, and as far west as south-eastern Anatolia (though we cannot be sure how much direct control the Akkadians actually exercised through all these regions).

Various factors contributed to its fall *c.*2193. But within a century another empire arose, this one based on the city of Ur, which lay in the southernmost part of Mesopotamia. Founded by Ur-Namma *c.*2112, the empire of what is called the Ur III dynasty encompassed the whole of southern Mesopotamia and included substantial subject territories east of the Tigris. But it was even shorter-lived than its Akkadian predecessor. Around 2004, it was destroyed by Elamite invaders from western Iran.

Babylon played no significant role in this Early Bronze Age saga. Indeed, the first reference to it in written records does not occur until *c.*2200, in the period of the Akkadian empire. By this time, the city had at least two temples, and it subsequently became a provincial administrative centre of the Ur III empire. But the real beginning of its rise to importance was still some 150 years away. Around the year 1880, a man called Sumu-la-El established a royal dynasty in the city. Under the fifth king of this dynasty, Hammurabi (Hammurapi), Babylon became the centre of a major Near Eastern kingdom, the first of several such kingdoms in its long history.

We shall be looking closely at Hammurabi's reign (1792–1750) in the following chapters. But let us first say something about the names 'Babylon' and 'Babylonia'. In the Akkadian period, Babylon was called *Bāb-ilim*—'Gate of God'. *Ka-dingirra*, the city's Sumerian name, has the same meaning. We don't know which name was earlier, but it was the Akkadian one that became firmly established in ancient tradition. From it was derived the Greek name for the city, 'Babylon'. In Hebrew the city was called *Bābel.*

Self-evidently derived from 'Babylon', 'Babylonia' is not an ancient name. It's one adopted by modern scholars to refer to southern Mesopotamia from the first time it was dominated by the city of Babylon, particularly from Hammurabi's reign onwards. Some scholars, however, say that the term should not really be used until the period when a Kassite dynasty held sway over the region—in the Late Bronze Age; it was only then that 'Babylonia' became a coherent geopolitical unit, and largely remained that way for the rest of its ancient history, even when it was subject to other powers, like Assyria, Persia, and Rome. Nevertheless, Hammurabi's dynasty, and more especially Hammurabi's own reign, marks a convenient starting-point for our journey across the eras through which the history of southern Mesopotamia—'Babylonia'—passed.

Our journey will take us from the Old Babylonian kingdom of Hammurabi through the period of the second great Babylonian kingdom, ruled by the Kassites, and then through a long period of relative insignificance until Babylon shines forth more splendidly than ever as the capital of the Neo-Babylonian empire. This was when Nebuchadnezzar II (604–562) became the Near Eastern world's most powerful king. From there our journey will take us through the periods of Persian and Macedonian rule, the latter ending with Alexander the Great's death in Babylon in 323 BC. In the following Hellenistic Age, Babylonia was absorbed into the Seleucid empire. Finally, we shall proceed to the Roman imperial period when Babylon became little more than a derelict ruin. That is how it was when the Roman emperor Trajan visited its site in the early second century AD, to pay homage to Alexander's memory.

Chapter 1
The Old Babylonian period: (c.1880–1595 BC)

Peoples and kingdoms of the early second millennium

Hammurabi's dynasty, and indeed most of the inhabitants of Babylon and other Babylonian cities at the time, belonged to one of the most powerful and widespread ethnic groups in the Near East. They were called the Amorites. Their name is best known to us from its appearance in the Old Testament List of Nations (e.g. Deut. 20: 16–17), though the 'biblical Amorites' may have been only indirectly connected with the peoples so designated in earlier historical sources. Speaking a Semitic language, the Amorites were originally nomadic groups, inhabiting large parts of Syria and Palestine, who gradually spread eastwards across the Euphrates into southern Mesopotamia as they sought new pastures for their flocks and herds. Some of these groups maintained their traditional nomadic lifestyle for centuries to come, but others quickly adopted a more settled way of life when they moved into urban centres, as we know from texts found in the city of Ebla in northern Syria, dating to the twenty-fourth century BC. (Throughout this book, we shall use the term 'Syria' in its ancient context to refer to the regions lying between the Euphrates and the eastern Mediterranean coast.)

In the early centuries of the second millennium, Amorite leaders began to establish major kingdoms of their own in Mesopotamia and Syria, after the fall of the first great Near Eastern kingdoms in the previous millennium. Notable among the new players was the Kingdom of Upper Mesopotamia, established by an Amorite ruler called Samsi-Addu (Akkadian Shamshi-Adad) in the early eighteenth century. The traditional capital of the region was the city of Ashur on the Tigris river. Samsi-Addu also established viceregal seats at Ekallatum, probably on the Tigris not far from Ashur (its exact location is unknown), and at Mari on the west bank of the middle Euphrates. This period also saw the rise of other kingdoms established by Amorite dynasties. They included, in Syria, the kingdom of Yamhad, founded by an Amorite leader called Sumu-epuh, who ruled from his capital Aleppo, and further south, just east of the Orontes river, the kingdom of Qatna.

Further ingredients in the political brew of kingdoms to become prominent in Syria and Mesopotamia during this period were three located in southern Mesopotamia. Isin and Larsa, the earliest of these, became bitter rivals in their attempts to fill the power vacuum left by the fall of the Ur III empire. After a long series of conflicts between them, Larsa emerged victorious under its king Rim-Sin who incorporated his defeated rival's kingdom into his own *c.*1794. The conqueror enjoyed supremacy in the region for some three decades. But he was finally overthrown and his kingdom seized by his powerful neighbour, Hammurabi, king of Babylon (*c.*1763).

Hammurabi and his dynastic predecessors

Hammurabi's reign marked the peak period in his dynasty's tenure of power in the Near East, particularly in the middle Euphrates region and southern Mesopotamia (Figure 2). In Babylonian tradition, a nomadic Amorite chieftain called Sumu-abum (*c.*1894–1881) is considered to be the founder of the royal dynasty to which Hammurabi belonged. Sumu-abum was highly regarded

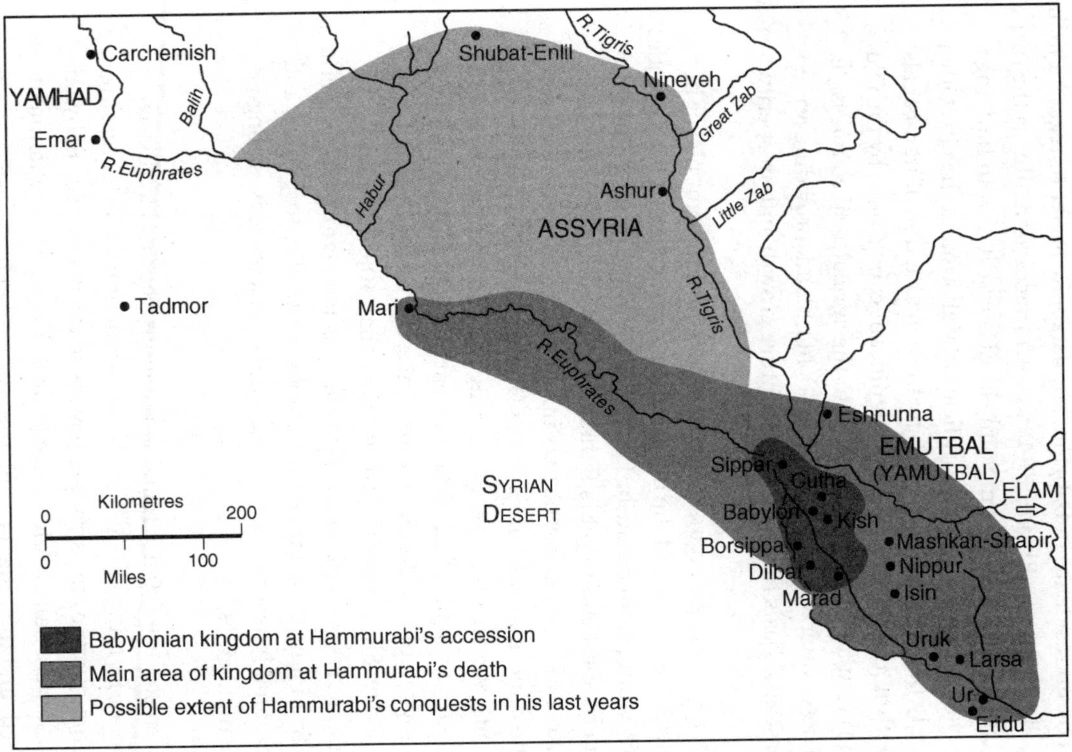

2. The kingdom of Hammurabi.

in his own time, and revered in later times. And he may well have brought to pre-eminence the Amorite group that subsequently established the kingdom of Babylon. But since he himself never took up residence in Babylon, scholars now prefer to regard a man called Sumu-la-El (*c*.1880–1845), who succeeded him, as the real founder of the kingdom. Sumu-la-El is credited with building a royal palace and a great fortification wall around the city. Other early Babylonian kings oversaw the construction of new canals within it. However, the most significant canals built by the Old Babylonian rulers were located in the agricultural countryside. These waterways were Babylonia's life-blood, providing an essential basis for the country's future growth and prosperity.

But Babylon still remained a relatively insignificant player in the Near Eastern world during the time-span of almost nine decades extending from Sumu-la-El's accession to the death of his third successor, Hammurabi's father Sin-muballit *c*.1793. Isin and Larsa were the major powers in southern Mesopotamia during this time, and Eshnunna in the Diyala river basin and Elam in south-western Iran were emerging as other great powers of the age. But despite the constant threat all of them posed to the Babylonian kingdom's very existence, the relatively small land ruled by Sin-muballit (probably less than 10,000 square kilometres) was in pretty good shape when Hammurabi inherited it from him. It was internally stable, relatively prosperous, and reasonably secure from outside attack because of its strongly fortified cities.

Even so, its existence remained tenuous. Survival in this age meant forming alliances with (and sometimes even accepting submission to) the stronger powers of the region. For Babylon these were Samsi-Addu's Kingdom of Upper Mesopotamia in the north and the kingdom of Larsa, then ruled by Rim-Sin, in the south. Judicious political and military alliances with his powerful neighbours, which kept them on side and secured their protection against other powers of the age, gave Hammurabi sufficient breathing space to build on the economic foundations established by his father, with further work on canal construction, and to strengthen his capital's fortifications. This he coupled with the maintenance of existing temples and the building of new ones. His support of the kingdom's scribal centres must have helped boost the kingdom's administrative efficiency, and this together with a programme of social reforms further enhanced the kingdom's internal stability. In his building and judicial activities in particular, Hammurabi demonstrated two of the most important responsibilities of a king—that of a great builder and a great social reformer.

Perhaps already at the beginning of his reign, Hammurabi had a vision of becoming a great military leader as well. The protection and consolidation of what he already had would be given first priority. But already in the sixth year of his reign, he gave notice of his expansionist ambitions, flexing his military muscles to raid Isin and Uruk, which then belonged to the kingdom of Larsa, and conducting further campaigns in the next few years against other states in his region. By the middle of his reign, Hammurabi had clearly emerged as one of the significant rulers of the age. This is made explicit in a letter written by a court official at Mari, then ruled by a man called Zimri-Lim, to some of the king's vassal subjects. Part of it reads: *No king wields power just by himself. Ten to fifteen kings follow Hammurabi of Babylon, the same number follow Rim-Sin of Larsa, Ibal-pi-El of Eshnunna and Amut-pi-El of Qatna, and twenty kings follow Yarim-Lim of Yamhad.*

To this list of five kingdoms, we should add Mari, as the official does later in the document, and to the east the kingdom of Elam, whose current ruler was probably the most powerful of them all. Between them, the overlords of these lands controlled a vast expanse of territory extending from western Syria through Mesopotamia and south-western Iran. The fact that aggression by one of them against another was likely to trigger coalitions of the rest against him was a reasonably effective guarantee of relative peace and stability throughout the region. Eventually, after forming a series of astute alliances with one or other of his foreign peers, Hammurabi was ready to turn from largely defensive strategies to more aggressive expansionist campaigns of his own. This turning point in his reign came in the year 1763, three decades after his accession.

In this year, he confronted a coalition led by the Elamites which included troops from Eshnunna, and defeated it, giving him control of a significant swathe of territory in the Tigris region. The following year Eshnunna itself fell to him. Around this time too, he directed his military might against Larsa, on the pretext that it had refused him support in his war against the Elamites, and captured it after a six-month siege. Thus ended the long reign of Larsa's most distinguished ruler Rim-Sin, who became Hammurabi's prisoner. Hammurabi spared the city itself, its inhabitants and its buildings, demolishing only its fortifications. Larsa thus became an integral part of the rapidly expanding Babylonian kingdom, and along with it all Larsa's subject territories, including Isin, Ur, and Uruk. But Hammurabi was not yet done.

He now turned his attention west of the Euphrates, marching into the kingdom of Mari and occupying its capital. For several months he and his troops remained there, long enough to loot it of most of its contents for transport back to Babylon. Then he torched all its monumental buildings. The only significant states that now retained their independence from Babylon were the western Syrian kingdoms Yamhad (Aleppo) and Qatna. Their remoteness from Hammurabi's power-base secured them against any serious threat of a Babylonian invasion.

In his final years, Hammurabi appears to have conducted at least two campaigns into northern Mesopotamia. These would have taken his armies through most of the northern territories of the former Kingdom of Upper Mesopotamia. Though he may not have won any significant measure of control over them, his military achievements in his last decade upon the throne had undoubtedly made him the most powerful king in Mesopotamia. Indeed he boasted that he was 'the king who made obedient the four quarters of the earth'. His claim was clearly an exaggerated one. But at that time he was equalled in political and military might only by the ruler of Yamhad who controlled much of the region between the Euphrates and the Mediterranean Sea. Babylon and Yamhad now shared undisputed dominance of the Near Eastern world.

Hammurabi's successors

Under his five successors, all of whom had long reigns, the kingdom built by Hammurabi was to last another 155 years. But within a few years of the great man's death, decline had set in. This was evident in the reign of his son and successor Samsu-iluna (*c.*1749–1712) who had already assumed some of the responsibilities of kingship in Hammurabi's last years. Samsu-iluna seems to have been a conscientious and vigorous ruler who tried to maintain the status and power his father had won for the kingdom, and perhaps even to build upon it. Thus he may have campaigned along the Euphrates beyond Mari and succeeded in annexing, temporarily, the territory of a newly developing kingdom there called Hana; its ruler had sought to fill the power vacuum in the region left by the fall of Mari.

But elsewhere in the Babylonian kingdom, particularly in its southern half, serious problems had emerged by the tenth year of Samsu-iluna's reign. Texts from his tenth and eleventh years indicate that the king had lost control of a number of his southern cities (environmental as well as political reasons have been suggested as the reasons for this), including, probably, the holy city of Nippur. So too the city of Ur in the far south. The northern part of Babylonia seems to have remained stable and prosperous under Samsu-iluna's stewardship, and indeed its cities may have provided new homes for refugees from the southern Babylonian cities. But political volatility continued in the south, with uprisings there as well as in the north-eastern and eastern border regions. These probably continued for the rest of Samsu-iluna's reign, and indeed well beyond it.

They were caused, or at least given added force, by the appearance of new tribal elements in Babylonia. Notable among these was a group of horse-breeding immigrants from the east who initially occupied parts of the Tigris region before spreading across Babylonia to the middle Euphrates. Their infiltration into Babylonia seems by and large to have been a peaceful one; they appear in the texts as mercenaries and as hired labourers on agricultural estates, and sometimes as purchasers of property of their own. But they were also involved in confrontations with the Babylonians, as indicated in texts from the reigns of Samsu-iluna and his son and successor Abi-eshuh. They were called the Kassites.

In his final years on the throne, Samsu-iluna was faced with another serious threat—this time from the marshlands in the far south of Babylonia. Here arose a new power called the First Sealand Dynasty. The Sealanders added much to the disruptions in southern Babylonia during Samsu-iluna's and Abi-eshuh's reigns. They may for a time have controlled parts of northern Babylonian territory as well.

Like their predecessors, the last three kings of the Old Babylonian dynasty seem to have applied themselves diligently to the responsibilities of kingship—building and maintaining canal systems, strengthening the fortifications of the cities under their control, and putting down rebellions. None succeeded in reversing the decline of the Babylonian kingdom. But they did maintain control of the territories and cities of northern Babylonia. And thanks to their active promotion and encouragement, science, including mathematics, and the arts in general appear to have had a relatively flourishing existence in the cities still under their control. This is reflected in the establishment of a number of scribal centres, with royal support. They fulfilled their religious obligations by building or repairing temples and sanctuaries, especially to honour the god Marduk, in Babylon and other cities. And they conscientiously maintained their roles as guardians of justice, as illustrated by their practice of issuing *mīšarum* decrees throughout their reigns, decrees concerned particularly with reforms designed to provide relief for those suffering from unrepayable debt burdens.

The final episode in the history of the Old Babylonian kingdom dates to the beginning of the sixteenth century. Around the year 1595, Mursili I, king of the Hittites, followed up his triumphant campaign in northern Syria, which ended with his destruction of the kingdom of Aleppo, by marching east to the Euphrates then south along it to Babylon. This was during the reign of Samsu-ditana, the last of Hammurabi's dynastic successors. Mursili laid siege to the royal capital, conquered, plundered, and destroyed it. The Old Babylonian Kingdom was at an end.

Chapter 2
Babylonian society through the perspective of Hammurabi's Laws

> *So that the strong might not oppress the weak, to provide justice for the orphan and the widow, I have engraved my precious pronouncements upon my stele and erected it before the statue of me, the king of justice, in Babylon, the city raised high by the gods Anu and Enlil, within Esangila, the temple whose foundations are firm like heaven and earth, in order to give the judgements and verdicts of the land, and to provide justice for the oppressed.*
>
> (From the Epilogue of the Laws of Hammurabi)

Hammurabi's stele

During their AD 1901–2 excavations of the ancient city of Susa, located in south-western Iran and traditional capital of the kingdom of Elam, French excavators unearthed an imposing stele (pillar) some 2.2 metres high, carved from a black stone called diorite (Figure 3). It was covered front and back with an inscription, hundreds of lines in length. Surmounting the inscription, and occupying the top third of the stele's front side, was a depiction of a god seated on his throne, and a human figure standing before him. The stele had been one of the most prized trophies brought back to Susa by a twelfth-century Elamite king from his campaigns of conquest and plunder in Mesopotamia.

3. Hammurabi and the god Shamash, Laws stele.

The deity depicted on the stele was Shamash, god of justice; the figure standing before him was his deputy on earth, the Babylonian king Hammurabi, in the act of receiving from his god the 'rod and ring', probably a measuring rod and a coiled length of rope—as symbols of rule.

The stele is inscribed with a series of laws which largely define Hammurabi's role as the Shepherd of his people, above all as the protector of the weak and vulnerable among his subjects. Written in an archaic script which harks back to the written pronouncements of the kings of Akkad several centuries earlier, the inscription originally contained some 275 to 300 laws, framed by a prologue and epilogue. We cannot be sure of the exact number of laws because the last seven columns of the text on the front of the monument were erased by the Elamites. We can, however, determine almost all the contents of the missing clauses from the numerous copies and duplicates of the document that have survived.

From Susa the French excavators took Hammurabi's stele to Paris where it is now on display in the Louvre. It was but one of many such pillars inscribed with Hammurabi's Laws set up on the king's orders throughout his realm, probably in all its most important temples. None of the others have survived, certainly not *in situ*, though fragments of what appear to be two of them were found in Susa during the French excavations. But copies of the actual text of the Laws, or extracts from it, do survive, in varying states of preservation, unearthed from numerous sites throughout Mesopotamia. Some date to Hammurabi's time, or to the reigns of his dynastic successors. But others belong to much later periods—indeed some as late as the Neo-Assyrian and Neo-Babylonian periods in the 7th and 6th centuries BC.

This is not to say that the laws themselves remained in force, or indeed had any legal status, through all these centuries (whatever force or status they may originally have had—a matter to which we shall return). Rather, they achieved the status of a literary classic in the scribal repertoire of the kingdoms and civilizations that succeeded the Old Babylonian world. They became an integral part of a scribal education for centuries to come. This ensured that they were copied repeatedly by successive generations of scribes—and that copies, or fragments of copies, from many different eras have survived to the present day.

The nature and content of the Laws

The Laws framed by the prologue and epilogue were compiled and publicly made known in the very last years of Hammurabi's long reign, probably his thirty-ninth year (i.e. the late 1750s). In both prologue and epilogue, especially the latter, the king emphasizes his role as the dispenser of justice throughout his land, and as the protector of the weakest members of society, those most vulnerable to exploitation and wrongdoing, like the waif and the widow. His divine appointment also required him to be a great builder, and the prologue tells us how he fulfilled this obligation, by restoring and enriching his land's cities, especially their shrines, temples, and sanctuaries. But above all, the image Hammurabi presents to us is that of a king who rules his people justly, wisely, and compassionately.

Hammurabi had highlighted this as a prime responsibility of kingship very early in his reign by labelling his second year upon the throne as the one in which he 'established justice in the land'. 'Justice' is here a translation of the Babylonian term *mīšarum*, a royal edict issued periodically by a king for the purpose of relieving social and economic hardship among his subjects. He did so by announcing a general remission of debts when the burden of indebtedness became widespread and threatened the economic stability of a whole society. The *mīšarum* provided a specific instance of the king's proclaimed responsibility of extending his protection to those most in need of it at times of particular stress. Hammurabi issued a *mīšarum* again in the twenty-second year of rule. And his dynastic successors, beginning with Samsu-iluna, continued to make periodic pronouncements of this kind.

The overall concepts and ideology underpinning the Laws were not in themselves highly innovatory. They were largely inspired by, and sometimes modelled on, legal texts compiled by three earlier kings—Ur-Namma of the Ur III dynasty, Lipit-Ishtar of the Isin dynasty, and Dadusha, king of Eshnunna. Like Hammurabi's, the legal texts of these kings showed great concern for protecting the weak and the vulnerable. In this respect, then, Hammurabi was carrying on an already established tradition of legal reform, even adopting a similar form of wording in his Laws. Like their predecessors, Hammurabi's Laws are expressed as conditional statements: *If* (someone does/suffers something), *then* (this will be the consequence). In content as well as in their form of expression, many of Hammurabi's laws maintain long-established legal traditions.

But some differ significantly from their predecessors in the stipulations they make. The most striking examples are those that embody the *lex talionis* principle—revenge for revenge's sake, or in biblical terms, 'an eye for an eye, a tooth for a tooth'. Thus, if a builder constructs a house for a man which is so unstable that it collapses and kills the householder, the builder shall be put to death (Laws of Hammurabi (LH) 229). If the victim happens to be the householder's son, then a son of the builder shall be put to death (LH 230). Such clauses may hark back to an earlier nomadic stage of Amorite society when punishments of the *lex talionis* type were perhaps a regular means of dispensing justice. We do not know how literally or frequently the *lex talionis* principle was applied in the urban communities of Old Babylonian society. It did, however, provide a precedent for similar provisions in Old Testament law.

In seeking to ensure justice for the land, the Hammurabic Laws cover a number of criminal activities, including assault, theft, robbery, criminal negligence, and homicide. But other provisions cover civil and commercial activities within society, such as sales and rentals of real estate, inheritance rights, and hire rates for equipment and labourers. Also, a number of clauses have to do with marriage provisions, divorce, and inheritance rights, particularly because of the all-important question of property settlements and transfers which marriages and their outcomes entailed. In their coverage of these and many other matters, the Laws contain a wide range of information about Babylonian society in this period, including the kingdom's social structure, its agricultural and economic activities, the professions and crafts that underpinned its material and cultural development, the merchandise that formed the basis of its commercial activity, and the acquisition of slaves and the role they played in society.

The social hierarchy

One of the most important aspects of the Laws is the information they provide about the hierarchy within Babylonian society. First, there was a class of people designated by the term *awīlum*. Commonly translated as 'free person', this term covered a wide range of individuals of varying social status, from the more elite professional classes, presumably including scribes, to craftsmen and artisans. Though it is clear that there was a social hierarchy within the *awīlum* category, the term was in its broadest sense applied to many people of free, independent status. Such people were often closely associated with the palace. Sometimes they were appointed to senior positions in the palace bureaucracy. But if so, they owed their appointments to the king, and presumably to their own ability. They did not hold them as a hereditary right. The term *awīlum* certainly does not in itself designate membership of an aristocratic class in Babylonian society, though in some cases it appears to be used of an elite, privileged group within this society—hence the term 'gentleman' which is sometimes used to translate it.

From the palace, the *awīlum* and his family received grants of land, called *prebends* by modern scholars (which could include farmland and orchards and houses on the estate), from whose produce they often derived their main means of support. But the grants also came with obligations imposed upon their beneficiaries to provide certain goods or services to the palace. These could range from paying it a proportion of an estate's produce, supplying labour for estates still directly worked by the palace, or performing other duties for the king, such as military service. In a number of cases, the prebends stayed within the same family, passing from father to son—so in this sense at least there was an hereditary dimension to an *awīlum*'s position. The service the *awīlum* was obliged to perform was known as *ilkum*-service. This term was linked with the allotments of land which the king granted his subjects at all levels of society for the services which the recipients rendered to him, sometimes of a civil, sometimes of a military nature. Those who fought in the king's armies were usually paid with an *ilkum*-field, from which they derived their living when not on campaign. And they were obliged to ensure that the land they received was exploited to its maximum agricultural extent as a contribution to the kingdom's overall food production.

An *awīlum* often contracted out the land granted to him under this system to other people of free but lower status. These formed the largest component of the population of Babylonian towns and cities. They were designated by the term *muškēnum*, often translated as 'commoner'. But as Eva von Dassow points out, both an *awīlum* and a *muškēnum* could be wealthy or poor, and both could receive benefits from or provide services to the state; the main distinction was that the *muškēnū* (plural form) were subordinate to authority, while the *awīlū* (plural) exercised it, constituting the assembly and serving as magistrates.

The *muškēnum* depended largely on his own personal resources to make a living, by hiring himself out as an agricultural labourer, or by working as a tenant the land contracted out to him either by an *awīlum*, or directly by the palace. In good times, the land provided sufficient produce to support him and his family, with a large enough surplus to pay the landlord or lessor, and thus fulfil the obligations of his tenancy. Alternatively, like the *awīlum*, he received a land-grant from the king which he worked to provide himself and his family with a living, in exchange for services to the king, including perhaps his own labour on the palace estates. In hard times, such as a long period of drought, he might struggle for survival, either through being deprived of his income, or falling into debt because he was unable to pay the rent on a plot of land he had leased. If his tenancy was extended to give him the chance to make good the deficit, a succession of bad years would have simply increased his debt-obligations.

Alternatively, a *muškēnum* who had land of his own might be forced to take out a loan against it when it failed to produce enough to support him. Interest rates were apparently very high—for example, 20 per cent on silver loans and 33.3 per cent on barley loans. If he was unable to repay the loan, he would have to hand over his land to his creditor and rent it back from him. If he then failed to pay the rent, he was plunged into even greater debt. It was in response to such situations that a king sometimes issued a *mīšarum* decree, which proclaimed a general remission of debts for his subjects, as a short-term measure to relieve economic distress when it had become widespread throughout his land—for example, during periods of prolonged drought and poor harvests.

At times when there was no remission of debts, a debtor who had no chance of fulfilling his financial obligations to his creditor could be forced to sell himself and/or other members of his family into slavery to his creditor. This was apparently a common predicament, affecting particularly the *muškēnum* class, who lacked the kinds of protection enjoyed by the *awīlum* class because of the latter's palace connections. One of the provisions of Hammurabi's Laws did limit to three years the term of debt-slavery which obliged a debtor or other members of his family to serve in the household of his creditor (LH 117). But while this may have eased the disastrous economic effects that unlimited debt-slavery could have had on society, it did not in itself help alleviate the conditions that had led to debt-slavery in the first place. In bad times, a *muškēnum* could be a highly vulnerable member of the community to which he belonged.

The slave

The third and lowest category of persons referred to in Hammurabi's Laws were the *wardum* and *amtum*, terms used for a male and female slave respectively. (*Wardum* was also used more generally to designate a person in a subordinate relationship to someone of higher status. Thus a high court official could be designated as a *wardum* or 'slave' or 'servant' of the king.) Apart from those temporarily enslaved by their fellow countrymen for failing to pay their debts, slaves were acquired through trading operations by Babylonian merchants abroad or through the importation of prisoners-of-war acquired as booty on military campaigns. Most of the latter seem to have become property of the king, who housed them in special barracks and used them on public construction projects or assigned them as temple employees. A number of private slaves, apparently marked out by some sort of distinctive 'slave-hairlock' (LH 146), were employed within the household on domestic duties and basic tasks such as grinding flour. Female slaves were assigned the job of weaving clothes for the members of their household.

As we saw, people who worked in a household as debt-slaves, and were probably Babylonians themselves, were released after several years of servitude. Other slaves acquired from outside Babylonia through trade or as war booty could remain slaves for the rest of their lives, and their offspring born in their owner's household were slaves from birth. That such persons, as well as state-owned slaves, sometimes sought to escape is indicated by the Laws, which prescribe harsh penalties for those who harboured escapees, and rewards for those who captured and restored them to their owners (LH 16, 17). Yet the life of a privately owned slave seems not often to have been a burdensome one, and there was always the possibility of manumission.

Marriages within and between classes

At this point, let's turn our attention to a pronouncement in the Laws that makes reference to all three of the classes we have previously discussed. It states that if a palace-slave or a commoner's slave marries a woman of the *awīlum*-class who then has children, the slave's owner cannot claim ownership of these children (LH 175).

This is one of a fairly substantial group of provisions in the Laws which have to do with marriage. They are concerned above all with practicalities such as bride-price, inheritance rights, and the disposal of possessions that came with a marriage (such as the bride's dowry) or were accrued in a marriage, in the event of a divorce or the death of one of the marriage-partners. A particularly noteworthy aspect of these laws is the provisions they make for marriage between persons of different status, slave and free. That the Laws deal with such situations indicates that there were no legal impediments to such marriages, and that they did in fact occur. What we don't know is how frequently they occurred. Nor do we have clear answers to the questions they obviously raise. For example, what reasons could there have been for a woman of the *awīlum*-class to marry a slave, or for the slave's owner to consent to such a marriage? For the latter in particular the incentives must have been fairly considerable—since as the clause stipulates, the offspring of the union would be free, whereas offspring resulting from the union of two of an owner's slaves would automatically become and remain the property of their parents' owner.

Further provisions in the Laws (LH 176a and b) cover the situation where an *awīlum*-woman actually enters into her slave-husband's household, whether the slave be the property of the palace or of a commoner. The wife may even bring a dowry with her. What happens to the dowry and any possessions accumulated by the marriage-partners during their marriage if the slave-husband dies? The Laws state that if a dowry has been brought by the woman, it should revert to her, and that any property accumulated by the pair during their marriage should be equally divided between the deceased slave's owner and the slave's widow, on behalf of the children of the marriage. It is clear, then, that the slave's marriage to a free person did nothing to change his slave status, though his children would be free from birth, and inheritance-wise be treated fairly in the distribution of property after their father's death.

More generally, Hammurabi's marriage provisions have much to do with 'gifts', or property which forms part of the marriage arrangement. At the very least, some form of legal contract had to be entered into for a marriage to be considered valid (LH 128). A number of clauses refer to the payment by a bridegroom-to-be of a 'bridewealth' to his prospective father-in-law prior to the marriage. This served as a kind of guarantee, both by the bridegroom and his father-in-law on accepting it, that both parties would abide by the arrangement they had made. It seems to have been part of a traditional pre-nuptial ceremony, though we cannot tell from the Laws whether the presentation of a 'bridewealth' gift was a *regular* prelude to marriage. Also, it was the custom for a bride to bring with her a dowry which, in the normal course of events, remained in her new household without ever actually coming under her husband's control or into his possession. This we learn from clauses which deal with property issues that arise in the event of a marriage ending.

By and large, marriages were monogamous, and fidelity in marriage was expected, especially from the woman. If, for example, she was caught *in flagrante delicto* with a man not her husband, both the lovers were to submit to what is called the 'River Ordeal'. We do not know what the nature of this 'ordeal' was. But from LH 129, it appears that if it demonstrated the guilt of both parties (apparently it did not kill them in the process), the cuckolded husband could not ask the king to impose the death penalty on his wife's lover unless he agreed to the same penalty for his wife. The Hittite compendium of laws contains a similar provision. On the other hand, if a husband accused his wife of adultery without evidence to support his claim, a simple denial by his wife was sufficient to absolve her of any guilt and ensure that she remained in her husband's household (LH 131). Not so, apparently, if she was accused by someone else. In this case, she must submit to the River Ordeal to prove her innocence (LH 132). These last two clauses in particular seem to reflect specific past cases, and the unknown circumstances which led to the judgments in these cases must have been rather more complex than is indicated by the bald text of the Laws.

Another ground for a husband to divorce his wife was if she failed to provide him with children. Should he seek divorce on these grounds, and the wife was in other respects blameless (indeed in this respect too she may not have been the one at fault, though the Laws do not admit this possibility), he must provide her with adequate compensation before dismissing her from his house (to make way for a second and hopefully fertile wife). Compensation took the form of an amount of silver equivalent to the bridewealth he originally paid when he contracted the marriage, and the return of her dowry (LH 138). This is in contrast to the treatment of a wife who is extravagant, speaks ill of her husband, and abandons him. Such behaviour provides grounds for the husband to divorce her and dismiss her from his household without any compensation whatsoever. Alternatively, he may decide not to divorce her, and may then take another wife in her place, relegating wife no. 1 to the position of a slave in his house (LH 141). But the law is not entirely one-sided. A woman may seek divorce from her husband if he is wayward and verbally abuses her. If she takes the matter to court and receives a judgment in her favour, the divorce will be granted, and she may return to her father's household, taking her dowry with her (LH 142).

In keeping with one of the Laws' principal concerns—to protect society's most vulnerable members—several of the laws make provision for wives whose husbands have been captured, presumably by the enemy during military campaigns. There may well have been a welfare system in operation to support the widows of those killed in combat as well as those missing in action. This is not attested in the Laws, but the Laws do acknowledge the plight of a wife whose husband has failed to return home because he has been taken prisoner. In this case, the wife may without committing an offence take up residence in the household of another man, presumably with her children, if she would otherwise be left destitute (LH 134). There is a follow-up clause (LH 135) which states that if the husband regains his freedom and returns from captivity, his wife must go back to him; but any children resulting from her period of cohabitation with the other man will inherit the property of their natural father.

Protecting the rights of heirs is a significant concern of the Laws. It can apply to an *awīlum*'s children by a slave woman as well as by his 'first-ranking wife'. If the man acknowledges as his own any children he has by the slave woman, they shall share equally in their father's estate with the children of the first-ranking wife, though a son of the latter will be the 'preferred heir' and take first pick of the estate (LH 170). Even if the father does not formally acknowledge his children by a slave woman, they along with their mother are to be freed on their father's death, and not continue as slave members of his first-ranking wife's household (LH 171).

Justice was not blind

Though the Laws were concerned with ensuring justice to all members of society, Hammurabic justice was not even-handed in its treatment of those of the different classes who came within its purview. This is particularly evident in the clauses that deal with criminal offences. The penalties imposed upon an offender varied according to both the class to which he belonged and that to which the victim belonged. Thus if an *awīlum* blinds another *awīlum* or breaks his bone, the offender shall suffer the same fate—on the *lex talionis* principle (LH 196–7). If, however, the *awīlum* inflicts the same injury on a *muškēnum*, he will suffer only a monetary penalty—sixty shekels of silver (LH 198). And if he inflicts the same injury on an *awīlum*'s slave, he shall hand over half the slave's value in silver (to the owner, presumably) (LH 199). A lesser form of assault ('striking the cheek' is specified) by one member of the *awīlum* class against another of the same status attracts a penalty of sixty shekels of silver (LH 203). But if the victim is of a higher status of *awīlum*, then his offender's punishment will be a public flogging (LH 202). And an *awīlum*'s slave who 'strikes the cheek' of a member of the *awīlum* class suffers the loss of his ear (LH 205).

What access to justice did a Babylonian really have?

An important reason for Hammurabi's command that numerous monuments bearing his Laws be set up in the cities of his kingdom was to ensure that as many of his subjects as possible had access to the Laws' provisions and could seek justice on this basis. Thus the king states in the Epilogue of the Laws that any man who believes he has been wronged in a lawsuit should come before the king's stele and statue, and have read out to him the provisions which the stele contains. These will make clear to him whether or not he has been treated justly.

For any of Hammurabi's subjects who had limited reading and writing skills, or none at all, this was to be no bar to their learning of their rights from the king's pronouncements. Provision is made for scribes to read out to those who were largely or entirely illiterate—or for that matter to anyone at all—any of the Laws' statements relevant to a legal situation in which they were involved and on which they sought advice. Possibly, consultants had to hire their own readers for this purpose. But the readers may have been palace-appointees who were stationed next to the monument, perhaps on a roster basis, to ensure there was always one or more on hand to deal with what may well have been a constant queue of enquirers seeking information on the Laws' contents.

Yet what did all this mean in practical terms? Could enquirers always find a clause or clauses that dealt specifically with a matter on which they sought advice? And in any case, what could they *actually do* with the information provided to them by the Laws? First, scholars no longer use the term 'Code' in referring to the Laws, for this term implies a systematic and comprehensive collection of statutes that cover all possible legal situations, whether of a criminal or a civil nature. In fact, the Laws are far from comprehensive in the situations they cover (they provide a mere sampling of cases that might involve legal action) and are sometimes contradictory. Nor do they make any clear distinction between civil and criminal law. On top of all this, they seem not to have been binding in any way on the courts of the land.

Here let us stress a very important point. The Laws on their own provide only a partial picture of Old Babylonian society. Contemporary legal and administrative documents and letters are at least as important in formulating a more complete overview of this society. These documents often provide us with specific instances of the Babylonian system of justice in practice. Hundreds of letters relating to legal matters were written by individual citizens to various authorities responsible for the administration of justice, including the king himself. And hundreds of letters also survive which the king wrote to his regional governors, many providing instructions on a range of legal cases referred to him for advice. Decisions made by courts on matters brought before them for judgment were recorded and passed on to successful litigants for future reference if the matters again became the subject of legal action. While the Laws provide the focus of this chapter, letters and other legal and administrative documents greatly supplement the information they contain—about the class-structure of

Babylonian society, the central importance of the family in Babylonian life, provisions relating to commercial transactions, property and inheritance rights, and the role and treatment of slaves.

The king was Chief Justice of the land, though the great majority of cases brought to his court were tried by his representatives. On occasions, the king himself presided over appeals against decisions made by a lower court. Many documents set out a sequence of the procedures followed in judging a case and reaching a decision on the matter. These provide us with first-hand information on the day-to-day administration of justice in the kingdom. Sometimes the local authorities sought advice from the king on a particular case, and his response was contained in one of the many letters he wrote to them.

By way of illustration, a letter from Hammurabi's successor Samsu-iluna deals with two cases referred to the king by the authorities at Sippar. Both concern the *nadiātum*, religious women attending to the duties of the temple of Shamash. In one of them, the authorities in charge of the women had complained that the people of Sippar had let their daughters enter the cloister without providing any means of subsistence for them; they were thus feeding themselves from the stores in the temple. In his response, the king set out the obligations the relatives of these women would henceforth be required to fulfil, as a condition of the women being allowed to enter the cloister, or remain living in it. But the response is framed in general terms (beginning, like the Laws, with an 'If' clause), so that the judicial authorities were provided with a ruling not just for this case, but for all cases of a similar nature that might arise in the future.

The purpose of the Laws

This brings us back to the question of what purpose, in practical terms, the Laws actually served in Babylonian society. Before addressing this question, we should ask a related one: Why were the Laws gathered together in a single corpus in the first place? An answer that readily springs to mind is that they were essentially a collection of legal precedents—a case was judged, a decision handed down, and the case and verdict were recorded for possible reference in future trials. Most importantly, the fundamental purpose of the Laws was to highlight Hammurabi's role as a divinely appointed ruler whose prime concern was to ensure that justice prevailed throughout his land, and that all his subjects alike were entitled to protection under its laws.

In practice, Hammurabi's Laws functioned not as a manual of prescriptive rulings, but rather as a source of guidance and a set of guidelines—embodying important principles of justice—for the good governance of society. To be sure, a number of the penalties to which they refer are extremely harsh, with death and mutilation stipulated for a wide range of offences. Possibly, many such penalties reflect an earlier period of Amorite tribal tradition, when society was more vulnerable to those who violated its norms. But they dispelled the notion that might is right, with emphasis instead on ensuring that protection was provided for all members of society, including the weakest and most vulnerable among them. The fact that this was so strongly emphasized not only by Hammurabi, but also by his predecessors in social reform, makes clear that such a notion in early societies was not one that could simply be taken for granted.

Chapter 3
Old Babylonian cities

Imagine that you have been transported back in time almost 4,000 years and set down in Hammurabi's capital. What would Babylon have looked like then? Growing up as a small settlement on the Euphrates river or a branch of it, Babylon was at least seven centuries old when Hammurabi came to power. Its origins date back to the middle of the third millennium BC. But it was not until the reign of Hammurabi that Babylon had its first flowering as one of the great royal capitals of the Near Eastern world.

Unfortunately, we have very few material remains of the royal city from this period (though it was almost certainly a good deal smaller than it was in later times). This is because much of it was removed and built over in later periods. The little that does remain of the city is largely inaccessible to archaeologists because of the rise of the underground water table. The first major excavations on the site, conducted by the Deutsche Orient-Gesellschaft (German Oriental Society) between 1899 and 1917 under Robert Koldewey's direction, concentrated on the site's upper levels, most notably the Neo-Babylonian one when Babylon was the capital of Nebuchadnezzar II's kingdom.

But between 1907 and 1932, excavations of the Old Babylonian city were carried out in the area called the Merkes which lay in what is now referred to as the 'eastern new city' adjoining the city's innermost areas. The remains of a few houses were identified here, and from them a small number of tablets were retrieved. Otherwise, archaeological investigations have revealed very little about the Hammurabic city. The palace itself, the administrative centre of the whole kingdom, seems to have completely disappeared. From documentary evidence, we learn that at this time the city was defended by walls, like most Babylonian cities of the period, and contained many temples, attested in the year-name formulae of the kings of Hammurabi's dynasty. They included the Esangila, Babylon's most important religious precinct, and temples dedicated to a number of deities among whom the most important were Enlil, Marduk, Shamash, Ishtar, and Adad.

But we have no material remains of these temples, at least none that are as yet accessible. Indeed evidence from Babylon itself is extremely sparse, and though overall the Old Babylonian period is a well-attested one, our most substantial knowledge of Babylon and Babylonia comes from other sites in the kingdom—and from cities and kingdoms outside Babylonia. This includes written records, most famously Hammurabi's stele itself, rediscovered in the Elamite city Susa. We learn more about what Old Babylonian cities looked like from other urban sites in the kingdom, notably Ur and Uruk in its southern part.

Capital of the late third-millennium Ur III empire, the city of Ur remained an important religious and commercial centre throughout the Old Babylonian period. In this period, much restoration work was carried out in the city's religious precincts, and new residential areas were developed. Here and in the city of Nippur in particular, excavations have given us a fairly clear picture of what a major city in Babylonia looked like during the Old Babylonian period. Despite earlier conclusions that these cities were laid out on a regular grid pattern with straight intersecting avenues, archaeological evidence indicates that their main thoroughfares were narrow, winding streets. These connected with smaller streets and alleyways, crowded and noisy, which the local inhabitants had to pass through to enter the blocks of residential buildings where they and their families lived.

The houses were made of unbaked, sundried mudbrick, though some of the more upmarket residences had a baked brick lower course to protect them against erosion. They were generally built closely together, often with adjoining party walls, and entered from the street or alleyway through a narrow door. However, residences of wealthy citizens built in the Merkes area of Babylon, and no doubt in similar public spaces in other Babylonian cities, were accessed from larger streets or perhaps even from public squares. Otherwise, the houses were shut off from the outside world by blank, windowless walls—for security against the throngs of passers-by as well as to keep out the heat and the dust. To compensate, their interiors contained at least one courtyard (two or three in some larger residences), around which the rooms of the dwelling were built. These rooms were sheltered from the elements by flat roofs which consisted of a layer of woven reeds and on top of it an outer covering of clay mixed with straw.

Clearly, the materials of which most houses were entirely composed would have rendered them highly vulnerable to weather conditions and other environmental factors, necessitating a complete makeover—replastering the house—each year. Timber was obviously an expensive commodity (since trees were rare phenomena in Babylonia), and was only occasionally used, sometimes as panels in doors. The courtyards, open to the sky, provided light and ventilation for the houses, and probably served as both recreational and work areas. Thus Harriet Crawford comments, who also notes the wide variation in the size of the individual houses unearthed in Ur, ranging from 9.68 to 19.25 square metres (similarly at Nippur). Differences in size between the various houses no doubt reflect the material circumstances and status of the individual householders. But large houses were not merely show-places, designed to display their owners' wealth and status. They served also as headquarters for the various work enterprises in which their owners engaged.

Sometimes, houses of different size adjoined or were in close proximity to one another in the residential areas. This has led to the suggestion that it was not social class or degree of affluence that defined the residential areas. Rather, the clusters of residences of different sizes in the various areas reflect occupation by related family groups, many of whom may have followed the same profession or trade as a family tradition.

The Babylonian diet could be a rich and varied one, if you had the means to sample all that was on offer. There was an abundance of fish, and sometimes shrimps and crayfish available from the fishmongers, and from other vendors a large variety of fruit (like dates, figs, apples, and pomegranates), duck eggs, and vegetables (like lettuce, cucumbers, onions, chickpeas, and turnips). Meat products, like lamb, beef, and goat, were also available—though meat was a much less common, and more expensive item in the Babylonian diet. When in season, locusts made into a fermented sauce added further taste and variety to this diet. And all could be washed down with one of the local beers, or on special occasions with wine imported from northern Mesopotamia (at a hefty price!). Herbs and spices were used to flavour these beverages.

Much of the day-to-day business of merchants, traders, craftsmen, and others engaged in earning a living was conducted near the city's gates, often in market stalls just inside or outside the gates. These were also the centre of much social interaction, particularly, we might imagine, between the city's residents and travellers coming from other parts of Babylonia or further afield. The travellers had been engaged in trading enterprises and other activities, perhaps as representatives of family businesses based in the city to which they were now returning. The news they had gathered in the course of their travels would have assured them of a warm welcome on their return.

The city gates were an important part of the city's defences, for most cities were protected by imposing fortifications. A significant proportion of the population attached to a city either lived in peripheral settlements beyond its walls or else worked on plots of land or estates outside them, as tenant farmers, as land-grantees, or as employees of land-owners; the land-owners included the palace, or the local administration which governed the city on the king's behalf. Cultivated land, including orchards and date palm plantations, could extend right up to the walls, and indeed such cultivated areas would sometimes be found within the walls. For those who lived in the peripheral 'suburbs' outside the gates, an alarm-system would presumably have warned them of the approach of an enemy, hopefully in time for these 'suburbanites' to move themselves and their livestock inside the walls, or to some other nearby fortified area which offered at least a temporary haven.

Socially, commercially, and strategically, the gates were the most distinctive feature of their city's fortifications. But they were also potentially the most vulnerable parts of it to enemy attack. For even if a besieging army failed to penetrate the walls via the gates or by any other means, it could block the gates, thus preventing persons or merchandise entering or leaving the city. A successful gate-blockade could eventually force the city to capitulate if it were deprived of access to supplies essential to life. Gates could be located both on the landward side of a city and on the city's main river-routes or harbours.

All Babylonia's important urban centres were located either on one of the two main rivers, the Tigris and the Euphrates, or on canals and waterways which were linked to them. The harbours or quays were often areas of intense commercial activity for transporting goods to and from the city, both north and south of Babylonia. Already in the period of the Akkadian empire, the Mesopotamian waterways gave access to regular trading links with the countries to the south, along the Persian Gulf (for example, Magan at its southern end) and the Arabian Sea and the lands beyond (for example, Meluhha). Items imported from these lands included wood, copper, and semi-precious stones from Magan, and gold, silver, carnelian, lapis lazuli, and a black wood (perhaps ebony) from Meluhha. (The imports from Meluhha probably originated in other lands.)

We have noted that one of the king's chief responsibilities was the restoration of the temples of the gods throughout his realm as well as the construction of new temples. Each city had a major temple, or temple precinct dedicated to its patron or tutelary deity—Marduk in Babylon, Enlil in Nippur, Inanna (Ishtar) in Uruk, Nanna (Sīn) in Ur. The city often contained temples dedicated to other deities as well. As one of the two dominant institutions of Babylonian society, the temple enjoyed a role equal to that of the palace in the influence it exercised on the social, cultural, and political life of Babylonian society. And as a major owner of food-producing land in Babylonia's largely agriculture-based economy, the temple institution played a substantial part in the kingdom's overall economy. The city's main temple (at least) could occupy a precinct which spread over several acres and incorporated several buildings, including the shrine which housed the deity, the courtyard where ceremonies honouring the deity were performed, and numerous rooms which stored the cultic paraphernalia associated with the worship of the gods and the festivals held in their honour.

The most striking monument you would see on your visit to Babylon, and indeed a feature of a number of Babylonian cities, was a structure known as a ziggurat (Figure 4). This took the form of a stepped building, consisting of between three and seven levels, each one smaller in area than the one below it, and ascending pyramid-like towards the heavens. We do not know what precisely the purpose or significance of a ziggurat was, beyond the fact that it was clearly a special type of sacred building. One suggestion is that it served as a substitute for the mountains

4. Reconstruction of the ziggurat at Ur (third millennium BC).

in which the gods originally lived. The earliest ziggurats date to the third millennium BC, and all the chief cities of Babylonia had at least one. Sometimes they stood within a temple precinct of the main god, sometimes they were in a precinct of their own. The ziggurat of Babylon lay in the cultic precinct known as Etemenanki. It became notorious in biblical tradition as the 'tower of Babel'. In this tradition, God was so angered by the construction of such a monument to human arrogance that he scattered the peoples responsible for it over the whole earth and 'confused their language' so that they could never again understand or collaborate with one another (Gen. 11: 1–9).

Chapter 4
The Kassites: (c.1570–1155 BC)

The arrival of the Kassites

The Hittite sack of Babylon around 1595 brought the Old Babylonian Kingdom to an end, and left for a time a political power vacuum in the region over which the Hammurabic dynasty had held sway. Already under its last rulers, threats to the kingdom's existence were emerging, particularly from the Hurrians in northern Mesopotamia and northern Syria. But the first people who actually asserted their dominance over the territories of the former kingdom, some time after the destruction of Babylon, were a group from the marshlands of the south. They were called the Sealanders. Already by the reign of Hammurabi's successor Samsu-iluna the Sealanders seem to have been a disruptive force in Babylonia. Subsequently in the kingdom's later years they may have established some degree of control over the southern part of Babylonia, and perhaps all the way north to Nippur. There's a further possibility that a king of the Sealand called Gulkishar captured Babylon itself, or what was left of it, and occupied its throne. But the evidence for this, which appears in a fragmentary Babylonian text after the end of the Old Babylonian kingdom, is questionable.

In any case, for perhaps as much as a century the Sealanders prevented the domination of Babylonia by another group who subsequently held sway over the whole of Babylonia until the very end of the Late Bronze Age. From a homeland perhaps on the Eurasian steppe lands or in the Zagros mountain region, this group had spread widely through Babylonia and neighbouring regions by the end of the Old Babylonian Kingdom, settling among the existing inhabitants in a generally peaceful manner (Figure 5). They called themselves the *Galzu*, but we refer to them as Kassites—from *kaššū*, the Akkadianized form of their name. They were but one of a number of immigrant groups who had settled in Babylonia by this time; there were also groups of Assyrians, Elamites, forerunners of the Aramaeans, and other peoples. But the Kassites were clearly distinguished from all of them by their language.

Unfortunately, very little is known about this language, for it survives mainly in proper names, including those of many Kassite kings, the remains of a couple of Akkadian–Kassite lexicons, a few scraps of other texts, and an occasional Kassite word in other sources. Meagre though this information is, it is sufficient to tell us that the Kassite language was totally unrelated to Akkadian, or any other Semitic language. One of the names which may be Kassite in origin is that by which Babylonia was widely known under Kassite rule. The kings of the contemporary Near Eastern kingdoms referred to their Kassite counterparts in Babylonia as 'the kings of the land of Karduniash'.

An important reason why little of the Kassite language has survived is that Kassite kings, and no doubt the Kassite population as a whole, rapidly assimilated to the prevailing language and customs of their adopted homeland. They used Babylonian (and also Sumerian) for their texts and inscriptions. And they not only maintained but strengthened and reinvigorated the traditions of this new homeland. Their ethnic distinctiveness also became increasingly blurred by their intermarriages with the local peoples, and by diplomatic marriage-alliances between members of their royal dynasty and the families of their

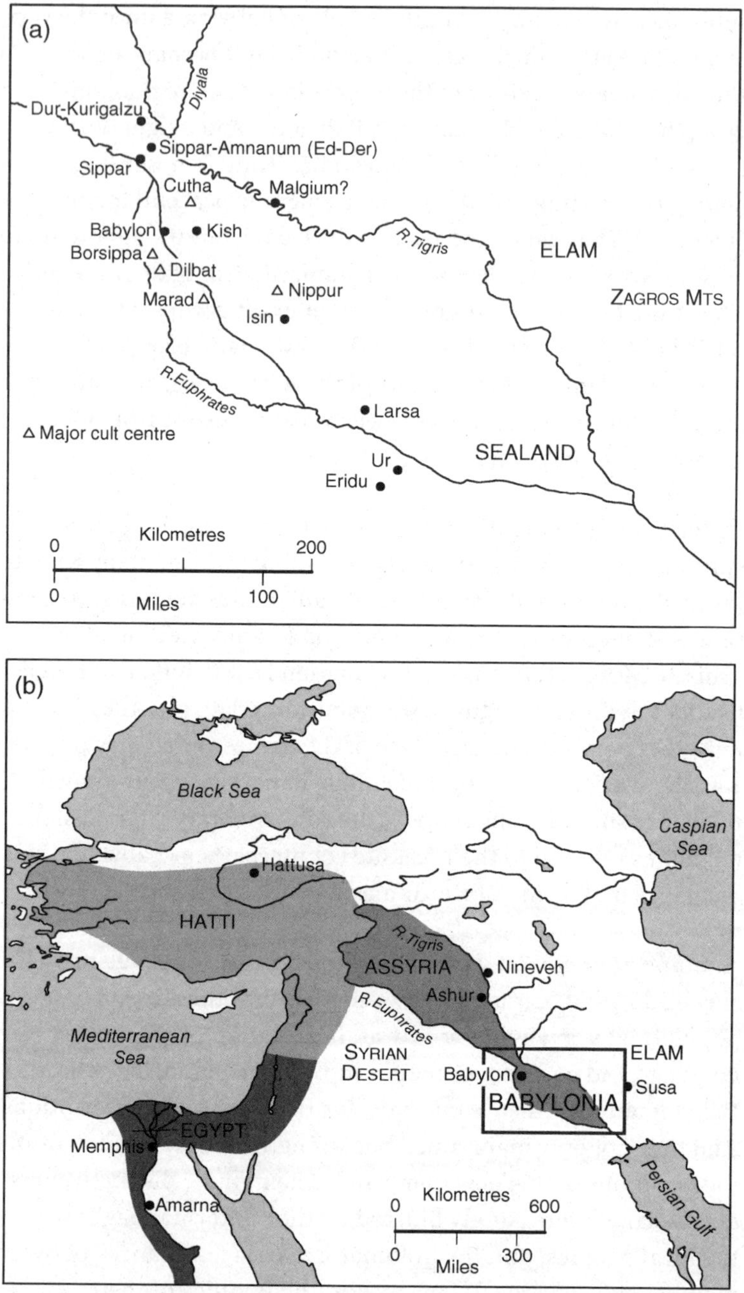

5. (a) Babylonia under Kassite rule; (b) Kassite Babylonia and the contemporary 'Great Kingdoms'.

international peers. Further obscuring the ethnic origins of the Kassite royal line was the assumption of Babylonian names by five of its last seven kings.

Unfortunately, the Kassite period in Babylonian history, though a lengthy and extremely significant one, is not well covered by written sources. Only about 1,500 texts have so far been published to document it. And almost none of them date to the first two centuries or so of the Kassite period; this means that we have to rely on a few scraps of information, and a good deal of speculation, about how the Kassites eventually won control of Babylon, and subsequently extended their sway through all Babylonia. Based on what we do know, much of the credit for this seems to have been due to an early fifteenth-century Kassite king called Ulamburiash, whose achievements included the imposition of his authority over southern Babylonia, long ruled by the so-called Sealand Dynasty. Under Ulamburiash and his successors, the whole of Babylonia, as well as peripheral regions to the east and south of it, was united into a single state.

Nationhood under the Kassites

Scholars are pretty well agreed on what they see as the greatest benefit bestowed on Babylonia by the Kassite dynasty: the gift of nationhood. Earlier, Hammurabi had extended his rule throughout Babylonia, which became politically subject to him and (to a diminishing extent) his successors. Even so, the city-states of the region saw themselves as independent of one another, with no overriding sense of national unity binding them together. Until the Kassite period, Babylonia as a nation did not in fact exist. From then on, the kingdom of Babylonia was a clearly defined territory with distinct borders. And some scholars would argue that it is only now that we can appropriately use the term 'Babylonia' to define southern Mesopotamia. The unification of Babylonia, and the strong stability of the region under Kassite rule, ensured that kings of the dynasty who held sway over it were ranked as members of the elite club of Great Kings of the Near Eastern world. Their peers were the rulers of Hatti (Kingdom of the Hittites), Egypt, and Mittani (later replaced by Assyria). (The heartland of both Mittani and Assyria occupied much of northern Mesopotamia.) All spoke of each other as 'Great Kings' and addressed each other as 'My Brother'. Significantly, it was in the Kassite period that Babylonian became the international language of diplomacy throughout the Late Bronze Age Near Eastern world.

It was no doubt the Babylonian state's strong political unity and stability that underpinned the great flowering of its cultural and scientific institutions. These were not innovations, but rather the further evolution and development of earlier institutions evident in the period of the Old Babylonian Kingdom at its peak. Kassite kings applied themselves enthusiastically to the task of preserving, nurturing, and further developing the customs and institutions of their adopted land, while in the process practically all traces of their own culture disappeared. Undoubtedly, the political stability which the Kassites brought to their rule in Babylonia and their respect for the traditions and customs of those upon whom they imposed it provided a peaceful, secure environment within the land, which helped ensure that the arts and sciences flourished, in such fields as literature, medicine, mathematics, astronomy, music, art, and architecture.

One important innovation of the Kassite regime was the establishment of a new administrative capital of the kingdom, at what is now called Aqar Quf. Located just west of modern Baghdad, on the site of earlier fortress settlements built in the Ur III and Old Babylonian periods, the new city was named Dur-Kurigalzu—Fort Kurigalzu—after its founder, the Kassite king Kurigalzu I (late fifteenth century to *c.*1374). Constructed on a significantly larger scale than the earlier settlements there, the new capital was just one of the major building projects undertaken by Kurigalzu. Ur, Eridu, and Uruk were among other Babylonian cities that benefited from his building programme. We cannot be sure why he built a new capital for the kingdom. There may well have been practical strategic measures of a commercial or military nature behind its establishment. Certainly, it seems in no way to have diminished the prestige of Babylon, which remained the kingdom's ceremonial and religious centre (and indeed the focus for many of its commercial and political activities), much as Ashur remained the ceremonial centre of the Assyrian kingdom when new Assyrian capitals were built at Nineveh and Nimrud.

The Kassites on the international scene

Diplomatic and commercial relations with Egypt had already been established by this time, and these were subsequently maintained or renewed by the Babylonian king Kadashman-Enlil I (*c.*1374–1360). We know this from several exchanges of correspondence between Kadashman-Enlil and the pharaoh Amenhotep III. Babylonia emerged more clearly as a player on the international scene during the reign of Kadashman-Enlil's successor Burnaburiash II (*c.*1359–1333). This was at a time when the kingdom of Mittani was locked into a struggle to the death with Hatti, whose throne was then occupied by the formidable warlord Suppiluliuma I. Suppiluliuma's progressive conquest of Mittani's territories, including its heartland in northern Mesopotamia, provided Burnaburiash with the opportunity for expanding his kingdom northwards. But though he made some inroads into northern Mesopotamian territory, and certainly facilitated the spread of Babylonian cultural influence there, the power vacuum left by the fall of Mittani in the region was rapidly filled by a resurgent Assyrian kingdom.

Assyria's new rise to prominence was due particularly to an enterprising ruler called Ashur-uballit who ruled from about 1353 until 1318. If Suppiluliuma viewed this particular outcome of his victories against Mittani with some concern, Burnaburiash must have been considerably alarmed by it, for the aggressive new power now threatened his own kingdom, which lay immediately to its south. But first of all Ashur-uballit wanted international diplomatic recognition. Overtures by him to the Egyptian royal court, via his envoys, made clear his intention of joining the elite group of Great Kings of the age. Burnaburiash vigorously protested to the pharaoh Akhenaten about Assyria's attempts to muscle in on the international scene—for, he claimed, the Assyrians were his vassals and had no authority to approach the Egyptian court on their own initiative! But the pharaoh's cordial reception of Ashur-uballit's envoys, despite his neighbour's strong objections, made Burnaburiash realize that it would be politic of him to come to terms with the Assyrian. One way of doing so was to conclude a marriage-alliance with him. Ashur-uballit was not unwilling, and one was indeed concluded. The Assyrian sent his daughter Muballitat-Sherua to Babylon as Burnaburiash's bride-to-be.

It all turned out badly. The couple's son Kara-hardash succeeded to the Babylonian throne after his father's death, but the union between the two royal houses broke apart when the new king was assassinated by a group of his own countrymen. Thoroughly displeased at having a ruler with Assyrian blood in his veins, they put a Kassite nonentity in his place. Ashur-uballit retaliated by invading Babylonian territory, capturing Babylon, and executing the new king. He then installed another of Burnaburiash's sons on the throne, a second Kurigalzu, known as Kurigalzu the Younger (*c.*1332–1308). No doubt he intended the new king to be a mere puppet of the Assyrian regime. But Kurigalzu apparently proved an effective ruler in his own right. The crowning achievement of his reign was a successful campaign against the Elamites who were threatening his kingdom's eastern frontier. He topped off the campaign by capturing the Elamite capital Susa.

We might note in passing that a marriage-alliance which Burnaburiash contracted with the Hittite royal court also had an unhappy outcome. The Babylonian king had dispatched one of his daughters to Hatti, to wed Suppiluliuma, after the Hittite had made way for her by discarding his previous wife, the mother of his five sons. To judge from what we are told by one of these sons, Mursili (his father's second successor to the throne), the Babylonian princess became a pernicious influence in the royal household, and in the Hittite land in general. Her career ended ignominiously when Mursili accused her of murdering his own beloved wife, stripped her of all her offices, and banished her from the court. We do not know whether his action had any impact on Hatti's relations with Babylon.

After Kurigalzu II's installation on the Babylonian throne, tensions between Assyria and Babylonia may have eased for a time, only to flare up once more during the reign of Kurigalzu's son Nazi-Maruttash (*c*.1307–1282). Some years later, an amicable agreement appears to have been reached between Nazi-Maruttash and his Assyrian counterpart Adad-nirari I (*c*.1307–1275) over the boundaries between the kingdoms. There was peace for a time, but this provided only a brief respite in the hostilities and tensions between the kingdoms.

In terms of its military operations, Kassite Babylonia played a very limited role in the international arena outside Mesopotamia, with only occasional campaigns to the east (against Elam) and none of significance west of the Euphrates, where it clearly had no territorial ambitions. Even so, other great powers of the age, notably the Great Kings of Egypt and Hatti, accorded its kings peer status with their own rulers. It was clearly worth their while to cultivate diplomatic relations with the Babylonian court—no doubt largely because of the material and cultural benefits that close links with Babylonia could bring. At certain times too, Egyptian and Hittite kings may have considered their Babylonian 'royal brother' a useful potential, if not actual, military ally against Assyria. But this had no apparent effect in holding in check Assyria's expansionist ambitions—as was made abundantly clear by the Assyrian king Tukulti-Ninurta I (*c.*1244–1208). After inflicting a massive defeat on a Hittite army in northern Mesopotamia, Tukulti-Ninurta turned his attention southwards, invading Babylonian territory, subjugating the kingdom, and hauling off its king Kashtiliash IV (*c.*1232–1225) to Assyria in chains.

It was a short-lived triumph. Mounting opposition to Tukulti-Ninurta within his own kingdom and military defeats in other regions subject to him culminated in the king's assassination around 1208. Assyria's political instability enabled one of Kashtiliash's successors to re-establish his kingdom's independence, and the Kassite dynasty henceforth maintained its sovereignty until the mid 12th century. It was brought abruptly to an end by an Elamite invasion which terminated the reign of its last king, Enlil-nadin-ahi (*c.*1157–1155). With his death, the Babylonian kingdom became subject to a succession of largely insignificant dynasties until once more Assyria triumphed over it.

Kassite contributions to Near Eastern civilization and culture

Kassite Babylonia has left us with relatively little in the way of archaeological remains. As in the period of the Old Babylonian Kingdom, Babylon itself has yielded only meagre material evidence for this period since most of the Kassite level of the city, like the Old Babylonian one, is beneath the modern water table. But the Merkes area in the city's midst has produced a number of houses of the period, some graves, and what may be traces of pottery kilns. The Kassite administrative capital Dur-Kurigalzu offers more substantial remains, as do some of the cities which first rose to prominence in the Sumerian Early Dynastic period, like Ur, Larsa, and Nippur. The Kassite levels of these cities provide indications of the honour and respect accorded them by their Late Bronze Age rulers, no doubt because of their venerable antiquity.

The Kassites have sometimes been criticized, rather unfairly, for their conservatism and 'non-progressive' attitudes, for the 'static' nature of Babylonian society under their rule, and for the loss of their own identity through their readiness to adopt in all its aspects the civilization and traditions of the land they came to occupy and dominate. In fact, the Kassite period in Babylonian history was one of great cultural and intellectual vibrancy, no doubt largely due to the political stability that Kassite rulers bestowed upon their land, through their peaceful political unification of it, their highly efficient and well-organized bureaucratic system, and the respect they showed for the land's established traditions and customs. They embraced these enthusiastically, made them their own, and actively encouraged and promoted them. They did so to the extent that their own cultural and ethnic identity is all but totally unknown to us. Almost the only features we can attribute directly to Kassite influence are the breeding of horses and important developments in chariot technology. But beyond these specifically Kassite features, the influence of Kassite Babylonia on the broader Near Eastern world was enormous.

As we have noted, it was at this time that Babylonian became the international language of diplomacy throughout the Near East. And that brings us to the extremely important role Kassite civilization played in the history of Near Eastern literature. For it was in the Kassite period that what we now call the 'Standard Babylonian dialect' was developed, the literary dialect henceforth used throughout Mesopotamia and other parts of the Near Eastern world for the remainder of the second millennium and much of the first. The Standard Babylonian version of the Gilgamesh epic, best known from first-millennium texts, is perhaps the most striking example of this. Like many of the literary 'classics' from the Sumerian and other early civilizations, the epic owes its survival largely to the preservation, nurturing, and patronage of long-standing Mesopotamian cultural traditions by the rulers of Kassite Babylonia.

Traditional Babylonian religion too was nurtured and preserved by the Kassite regime, as illustrated by its promotion of the traditional cults, and under its sponsorship and patronage the repair and restoration of temples throughout the land. One of the noteworthy features of this age was the promotion of the worship of Marduk, who became the greatest god in the Babylonian pantheon, thus achieving superiority over Enlil, once the supreme divinity of the Mesopotamian world.

International trading activity was essential to the prosperity and development of Babylonian society, given the dearth of basic raw materials in southern Mesopotamia, especially timber and metals. In the Kassite period, trading connections extended to Afghanistan (and perhaps to India) in the east, to the Aegean region in the west, and to Egypt in the south-west. There were also strong trading links with Babylonia's northern neighbour Assyria, especially in the fourteenth and thirteenth centuries, despite the periods of hostility and conflict between them. Luxury goods too were imported into Babylonia, including precious and semi-precious stones, like carnelian and lapis lazuli, and other exotic items from perhaps as far afield as India. And we know from the Amarna letters that large quantities of gold were imported into Babylonia from Egypt. The Amarna letters consist of correspondence exchanged between the pharaoh and his international peers and subject rulers in the mid-fourteenth century BC. They were among the cache of tablets discovered in 1887 at el-Amarna (ancient Akhetaten) in Egypt.

In exchange for imported goods, the Babylonians exported a wide range of manufactured items, including textiles, and the products of highly skilled craftsmen, jewellers, and gold- and silver-smiths. Horses seem also to have been among Babylonian exports. These were in demand in foreign countries for breeding purposes as well as for use for transport in both military and non-military contexts.

Medicine was another skilled profession for which Babylonians were well known. This is illustrated by a letter from a Hittite king called Hattusili to his Babylonian royal brother Kadashman-Enlil II. The latter had complained of Hattusili's failure to return to him two doctors and an incantation priest sent from Babylonia on temporary loan to the Hittite court. In response, Hattusili informed his correspondent that the first doctor had decided to stay in the Hittite capital (he did so after receiving a substantial bribe), the incantation priest had gone missing, and the second doctor had died. Then in what appears to be an extraordinary display of chutzpah, Hattusili added that he would like some statues for his family quarters, and could his royal brother please send him a sculptor to do the job. The Babylonians had an international reputation as skilled artists as well as medical practitioners!

Chapter 5
Writing, scribes, and literature

Writing and the early historical era

The earliest known examples of writing in the Near East come from the southern Mesopotamian city Uruk. Dating to *c.*3300 BC, these first written records were simple pictograms, used to record such things as the number of livestock a person owned or the amount of grain he produced. Clay was the material universally used as the writing surface for these inscriptions, as indeed it was for the vast majority of records produced in the Near East for almost 3,000 years. But the early pictograms were quite quickly replaced by a script we now call cuneiform. It consisted of groups of wedge-shaped signs made by pressing into soft clay the triangular ends of reeds cut from the banks of the Mesopotamian and other rivers. The Sumerians were closely associated with the evolution of the written record, and by the end of the third millennium writing had become a highly sophisticated medium used for social, business, and political communications, record-keeping, and literary expression. It was one of the chief hallmarks of the first phase in the historical era of Near Eastern civilization.

By the beginning of the Old Babylonian Kingdom, the Sumerians and their civilization were but memories of a past age, and the Sumerian language was no longer a spoken one. Its place was taken by the Akkadian language. Akkadian, or more precisely the Babylonian version of it, became the predominant everyday tongue of the Old Babylonian Kingdom. But even though Sumerian was now a dead language, it acquired a revered status in educated and cultured circles in Babylonian society. Its important literary works were preserved and translated into Akkadian, like the poems about a king called Gilgamesh, ruler of Uruk.

The scribal schools

The most important institutions for the preservation of the Sumerian legacy were the Babylonian schools where young men were trained for the scribal profession. The term *edubba* was used for such institutions. While according to some scholars, basic literacy (i.e. the ability to read and write simple documents) may have been fairly common from the Old Babylonian period onwards, reading and writing skills of a more complex order, encompassing both technical and scholarly literacy, were acquired by a relatively small proportion of the Babylonian population. Mastering the sheer mechanics of literacy at its highest levels was in itself a daunting challenge, for the most developed cuneiform scripts contained over 500 syllable and concept signs, requiring a rigorous learning programme to achieve competence in them.

But the schools were not simply places for attaining a high level of reading and writing skills. Their curriculum covered a number of branches of knowledge, including maths, astronomy, grammar, music, and land-surveying—as well as a study of the revered Sumerian language. ('What kind of scribe is one who knows no Sumerian?' reads an old proverb.) Lexical texts have survived, with lists of words in Sumerian paired with their Babylonian equivalents—all to be learnt by heart. And as part of the process of learning Sumerian, students were obliged to copy and recopy the famous surviving works of Sumerian literature. We are greatly indebted to the Old Babylonian scribal schools for these lexical lists and copying exercises, for much of our knowledge of Sumerian literary tradition depends on the preservation of these texts from their original school setting. School hours were long—from sunrise to sunset—and education began at an early age and continued into early adult life. Discipline was harsh with beatings inflicted on students for incompetence, lack of application, and misbehaviour.

But the rewards for successful students could be considerable. Possessed of skills which the great majority of their fellow-countrymen lacked, and in a society where the kings themselves may have had no more than basic literacy, a scribe was a vital element in the maintenance of his society. And his profession was an almost exclusively male preserve (though we do find a few instances of female scribes). Even for males, the privilege of a scribal education was not open to all and sundry. In most if not all cases, scribes belonged to a profession which was confined to a select group of families, the privilege of training in the profession being inherited by a son from his father. There was also specialization within the scribal families, with certain family groups or clans staking a claim to particular disciplines associated with scribal activity (though this is only attested for the first millennium BC), such as exorcism and astronomy.

Once they had completed their basic education, which meant acquiring competence in reading and writing, including a knowledge of the Sumerian language, some students progressed to studies which would prepare them for a life in the palace administration. Most who followed this course would have careers as clerks in the imperial service, much like public servants in modern-day bureaucracies. But some rose to high positions in the royal administration, perhaps becoming consultants to the king himself, advising him on a range of matters including foreign policy and diplomatic relations with foreign courts. Other scribes apparently did freelance work, hiring themselves out to anyone who wanted a letter dictated or read to them.

Divination

Another prestigious option for those who had completed their basic training at a scribal school was to undertake advanced study under special senior tutors and teachers (possibly members of their own families) in such highly regarded professions as divination. Put most simply, the art of divination was the practice of using supernatural or magical means to gain knowledge about the future. Throughout Babylonian history, divination played a major role in shaping the lives, the plans, and the activities of the peoples who inhabited the Babylonian world, and indeed the ancient Near Eastern world in general. A basic principle underlying it is that the outcome of a particular event can be predicted if one knows the outcome of a similar event that happened in the past. Such knowledge enables one to provide for such an outcome, or to seek to avoid or manipulate it. This belief and the practices associated with it operated at all levels of Babylonian society, from the humblest labourer and servant to the society's most elite members, including the king himself.

Divination was not mere fortune-telling. It was regarded as one of the fundamental and most important sciences of Babylonian life, one that was practised by highly skilled professionals who were consulted on all important matters of both a public and a private nature. The consultants on matters of state had access to detailed records kept in official archives of past events and their outcomes. One of the important tasks of a particular group of scribes was to gather together all such information, updating their material as new events occurred, and to systematize and categorize the vast number of tablets containing this information for ease of reference when the need for consulting them arose.

But by its very nature, divination meant communicating with one or other of the gods. As part of the divination process, the practitioners of the profession were called upon to interpret various signs provided by the gods in connection with (for example) a particular enterprise that was being planned or a disaster that had befallen the land, like plague or drought. This was in order to secure a god's approval for the enterprise, or to determine the cause of his or her wrath which had led to the land being punished. Methods of determining the divine will varied considerably. They included the examination of animal entrails, the patterns of oil on water, the behaviour of animals, such as the flight of birds, and various celestial and terrestrial phenomena, like thunder, hail, and earthquakes.

Proactive consultation, in the form of omen-taking, such as the sacrifice of a sheep and the examination of its liver, was an important part of the process. Thus a particular celestial phenomenon or a particular type of behaviour of birds or other animals would be observed and the texts consulted to see what outcomes in the past had followed from this happening. Or if, shall we say, a king was contemplating a military campaign or a merchant a commercial operation, an animal might be sacrificed and its entrails examined to determine the likely success or failure of the mission, on the basis of what had happened on previous occasions when a similar pattern on an animal's entrails had been observed.

Scribes as creative artists

Scribes were educated not only to be copyists or clerks or advisers, albeit at the highest level of society, or interpreters of divine will. The great scholars of the Babylonian world were essentially products of the scribal training institutions, and some became important creative artists in their own right. Thus it was to an unknown scribe of the Old Babylonian period that we can attribute the first version of the Gilgamesh epic, the so-called Old Babylonian version. I shall return to this composition later in the chapter, simply pointing out here that while there were a number of Sumerian poems about Gilgamesh in existence and perhaps other such poems which were translated into the Babylonian dialect of Akkadian, the epic was a fresh new creation by a Babylonian scholar, a product of the Babylonian scribal school system.

The scribal traditions of the Old Babylonian school were carried on and further developed by the scribes of the Kassite period who played a major role in nurturing and preserving the traditions of Babylonian culture. But far from merely recopying texts of the Old Babylonian period, scholar-scribes of the Kassite period also substantially adapted and reworked many that had come down to them in Old Babylonian copies, as well as making significant new additions to the repertoire of Babylonian texts. They also expanded and organized into series many of the texts on divination and exorcism. Those who undertook these projects are referred to as Middle Babylonian scholars. To them are due what we call the Standard Versions of a number of Babylonian texts, including the Gilgamesh epic, which in this period was much expanded and altered from the original Old Babylonian version.

But Kassite scholars produced new compositions as well, contributing among other things to a genre of literature which we now call 'wisdom literature'. Compositions in this genre were concerned with a range of moral and ethical issues. Overall, the last centuries of the second millennium, including the late Kassite period, were very active ones in the history of Babylonian literature. But the old scribal schools designated by the term *edubba* seem no longer to have existed in this period. Education was now largely the preserve of a small number of aristocratic families.

The decline and demise of the cuneiform tradition

The survival of so many of the works of this period, including those copied or adapted from earlier periods, is due very largely to their preservation in the libraries of seventh-century BC Neo-Assyrian kings, most notably the great library of King Ashurbanipal in Nineveh, discovered during nineteenth-century AD excavations of the city. A century after Ashurbanipal stocked his library with texts gathered from all parts of his realm, writing in the cuneiform script was rapidly disappearing. It did survive for a number of centuries more in Babylonia, preserved in scholarly tradition, until the end of the first century AD. Inexorably, however, the cuneiform tradition gave way to Aramaic, which had a much simpler alphabetic script and had long been the international language of diplomacy. The rich world of cuneiform literature was lost completely, and along with it, the vast range of knowledge about the cuneiform-writing civilizations—until the rediscovery in the nineteenth century of the cuneiform tablet archives and the decipherment of the languages in which they were written.

A selection of Babylonian literary compositions

Let us now briefly consider some of the most important surviving examples of Babylonian literature, copied and sometimes adapted by many generations of scribes, and finally preserved for us in Ashurbanipal's library. We shall deal with three of them here, ending with the most famous of them all—the Epic of Gilgamesh.

The *Epic of Creation*, still often referred to by its opening words *Enūma eliš* ('When on high'), was probably composed (at least in its surviving form) during the Kassite period. Some 1,092 lines in length and spread over seven tablets, it is not really a poem about the world's creation, though it begins from that point. Rather, it is an account of the battle between Tiamat, primordial goddess of the ocean, supported by an army of fierce monsters whom she had created, and a new generation of gods led by Marduk. The contest is won by Marduk, who kills Tiamat, divides her body into two, and creates heaven and earth from the two parts. He then becomes the head of the Babylonian pantheon (the reward he demands and is granted by the gods for his victory), and allocates to its members specific roles and spheres of responsibility. To provide them with a labour force, he creates mankind, from the blood of the god Qingu who had incited Tiamat to go to war. As the climax of his achievements, Marduk builds the city of Babylon. The epic celebrating his deeds was performed each year, on the evening of the fourth day of the Babylonian New Year festival.

Another well-known Babylonian composition shares several features with this poem. The *Atrahasis (Atramhasis) Epic* (the name means 'Exceedingly-Wise'), 1,245 lines in length, has come down to us in its Old Babylonian form. However, its origins may date back much earlier, and many versions of it survive from a number of periods of Mesopotamian history. The story of its hero Atrahasis actually begins before human beings existed. In this primordial age, the lower-ranking gods had to do all the manual labour. When they grumbled and became rebellious, the higher gods responded by creating humankind, out of the body of one of the rebels killed in the uprising, to take over the menial, burdensome tasks formerly imposed upon the lesser gods. But the humans too became troublesome, to the point where their creators decided to wipe them out in a great flood. One of the gods, Enki, warned his mortal protégé Atrahasis about the impending destruction, and urged him to build a large boat, to save himself and his family from the catastrophe in which all other human beings would perish. The survival of the human race was thus assured.

What makes Atrahasis' story particularly interesting to us is that it contains the first known literary account of a Great Flood. The ancestor of many ancient Flood stories, its descendants include the tale told by Uta-napishtim in the Standard Babylonian version of the Gilgamesh epic, and, according to a number of scholars, the story of Noah in Old Testament tradition.

6. Gilgamesh.

The Epic of Gilgamesh occupies a venerable place in the repertoire of world literature (Figure 6). It is one of the great ancestors of the epic genre, whose most illustrious successors in the Classical era were Homer's poems, the *Iliad* and the *Odyssey*, and Virgil's masterpiece the *Aeneid*. The epic tells how Gilgamesh, a harsh despotic ruler of the city of Uruk, abandons his city and, after a series of adventures which end with the painful, lingering death of his companion Enkidu, embarks on a search for the secret of eternal life. His quest leads him to a person who has achieved immortality, a man called Uta-napishtim. Uta-napishtim explains that he and his wife had everlasting life bestowed upon them by the gods when they, alone of all humankind, survived the Great Flood. But he is now a frail and wizened old man, for the gods in granting him immortality did not add to it the gift of eternal youth. Then, to demonstrate to Gilgamesh that he will never achieve immortality himself, the old man sets him the test of staying awake for just one week—a test which Gilgamesh immediately fails. Ultimately, his quest for immortality proves futile, and after more adventures he returns to his city a chastened, wiser man. Resigned to his fate that as a mortal he will one day die, he is now ready to resume his duties as king of Uruk, ruling with justice and wisdom and building a city of surpassing splendour.

The epic is a story about human frailties and aspirations, and most particularly about the inevitability of death. The poignancy of this in a Mesopotamian context is all the greater because of the belief that there is nothing to look forward to in the afterlife—a dull, gloomy place at best. This in itself is an encouragement to make the most of what we have in the present world. There are a number of sub-themes which occur throughout the poem—friendship and grief at the loss of a loved one, arrogance and the retribution which follows from it, the allurements of material pleasures that seek to divert the traveller from his goal, the corruption of innocence by the seductions of civilization, and the responsibilities that accompany the exercise of power.

Gilgamesh was almost certainly a genuine historical figure (known as Bilgamesh in the earliest texts), a king of Uruk who lived in the first half of the third millennium, when Uruk was one of the Sumerian city-states. A number of stories which describe the exploits of this king date back to the third millennium, and were probably first written down near the millennium's end. Five of them have survived. But it was not until the early second millennium that the poem we know as the epic of Gilgamesh was composed, in the Babylonian dialect of the Akkadian language. This first composition, known as 'The Old Babylonian Version', was probably about 1,000 lines long in its complete form (it now survives only in fragments found at various locations). Though it drew some of its material from a repertoire of stories about Gilgamesh, of which death, everlasting fame, and immortality are common themes, it was essentially an original composition in terms of the development of its themes, sub-themes, and characters, all of which are skilfully woven into the poem's structure. 'Freshness', 'vibrancy', and 'simplicity' are qualities frequently applied to this first version.

Ancient Mesopotamia produced a number of literary compositions which have survived to a greater or lesser extent among the overwhelmingly larger number of other, more prosaic, texts of the era. And the epic may not have been accorded a special status in the ancient world within its literary repertoire. Nonetheless, it was regularly included among the 'classical' texts which were copied and recopied over the centuries by generations of scribes from many civilizations, even if primarily to serve as training exercises for students in the scribal schools. We have noted that the Kassite rulers of Babylonia preserved numerous customs and traditions of Babylonia's past eras. The Gilgamesh epic was one of the literary beneficiaries of their policies. Copies of the poem found their way into many parts of the Near Eastern world reflecting Babylonia's increasing international diplomatic, cultural, and commercial contacts. And as the epic passed from one generation to another and from one country to another by written transmission, it was subject to constant modifications, and adaptations.

But the most profound changes came in the last centuries of the second millennium when the so-called 'Standard Version' of the epic was produced, the version best known to us today. Tradition credits a scholar called Sīn-leqe-unninni with its composition. An exorcist by profession, Sīn-leqe-unninni probably lived some time between the thirteenth and the eleventh centuries BC. The Standard Version is much more complete than its fragmentary Old Babylonian ancestor (though there are still some fairly substantial gaps in it). And in parts where enough of the Old Babylonian text survives for comparison purposes, we can see that its author heavily adapted the earlier text, though without altering the original basic story. Some passages he took over almost without change from it, and others he slightly modified. But elsewhere his composition differed markedly from the original, with a new prologue, the elimination of some episodes from it, the introduction of others, and a considerable expansion of the original composition.

In the Standard Version, the story of Gilgamesh is divided into eleven sections, one tablet for each. The long account of the flood in the eleventh tablet was probably not part of the original epic, which *may* have alluded to the flood only briefly, if at all. In its complete form, the eleven-tablet series contained an estimated 3,000 lines of verse (only about 60 per cent of which have survived), making it by far the longest composition in the Mesopotamian literary tradition. A twelfth tablet which was later added to the series does not in fact belong to it. Identified by the title 'Gilgamesh, Enkidu, and the Underworld', it is an Akkadian translation of part of a Sumerian poem which relates Enkidu's journey to the Underworld, to retrieve for Gilgamesh various objects that had fallen into it; he is kept there until his ghost is finally allowed to return to the upper world, where he provides Gilgamesh with information about the land of the dead.

Chapter 6
The long interlude: (12th century to 7th century BC)

Babylonia in a world of dramatic change

In the early twelfth century BC, the Greek and Near Eastern worlds were shaken by a series of catastrophic upheavals. Their causes are still much debated by scholars. Waves of external invaders, prolonged droughts, earthquakes, the collapse of international trade networks, or a combination of all these, are among the many theories that have been proposed. But whatever the precise nature and causes of these upheavals, they effectively brought the Bronze Age to an end. A number of major centres of Bronze Age civilization, including the kingdom of the Hittites, collapsed, and Egypt withdrew from its involvement in the Syro-Palestinian region and lost its status as a major international power.

The end of Hittite and Egyptian control over a network of vassal states west of the Euphrates resulted in profound changes in the geopolitical configuration of the regions where they were located. This happened during the centuries of the so-called Iron Age. Smaller, initially independent kingdoms now emerged, some the successors of former Bronze Age vassal states, others entirely new foundations. In northern Mesopotamia, the kingdom of Assyria was little affected by the substantial changes occurring in other parts of the Near Eastern world, and indeed for a time flourished and expanded its territories across the Euphrates. But by the end of the millennium, it too went into decline, and remained so until its resurgence in the late tenth century when the Neo-Assyrian empire began its rise to supremacy.

All this provides us with a broad context for the period of Babylonian history which spanned the centuries from the fall of the Kassite dynasty in the mid-twelfth century to the rise of the Neo-Babylonian kingdom in the late seventh. In the course of these centuries, a number of dynasties rose and fell in Babylonia, most of them weak and short-lived, reflecting the frequent ebb and occasional flow of Babylonia's political and military fortunes. This period may be seen as a kind of lengthy interlude in Babylonian history, though in terms of its material culture, the Neo-Babylonian period flows on directly from it. We shall touch only briefly on some of its main features and highlights, which stand out in an otherwise poorly documented and largely unremarkable phase of Babylonia's story.

Following the end of the Kassite dynasty, a line of rulers called the Second Dynasty of Isin held sway in Babylonia, according to the Babylonian Kinglist (which is preserved in several versions in ancient Babylonian sources). The reigns of its eleven members (not all of them seem to have been related to each other) spanned the period from about 1154 until 1027. Despite its name, most of its members seem to have ruled from Babylon. The most famous of them was the fourth, Nebuchadnezzar I (*c.*1126–1105), who was particularly remembered for his invasion of Elam; in the course of this enterprise, he sacked the city of Susa, and retrieved from it the statue of the god Marduk, taken as plunder by the Elamites during their invasion of Babylonia some decades earlier.

To Nebuchadnezzar's triumph we can largely attribute a revival of Babylonian nationalism. This continued into the reign of his successor-but-one (and younger brother) Marduk-nadin-ahhe (*c.*1100–1083), when there was a fresh outbreak of hostilities with Assyria. Otherwise, we know very little about the Isin dynasty's tenure of power in Babylonia. Nor do we know the circumstances which led to its replacement by one from the Sealand in Babylonia's far south. The new regime, the so-called 'Second Sealand' dynasty, had three rulers (perhaps of Kassite origin, to judge from their names) and lasted only two decades (*c.*1026–1006) before it too disappeared into oblivion. Then followed a succession of generally insignificant dynasties, beginning with the Bazi Dynasty (*c.*1005–986), which had three rulers, also of Kassite origin, and was succeeded by the so-called 'Elamite Dynasty' (*c.*985–80), which had only one king.

Environmental factors and new tribal groups

Environmental factors also played an important role in shaping Babylonia's development in this period. One in particular is worth noting. As the second millennium drew to a close, the Euphrates' main channel shifted significantly to the west. This may have had little effect in the far south, where the river's course changed only minimally. But cities and other settlements on Babylonia's northern alluvial plain probably suffered quite severely, for here the change caused a considerable shrinkage in the amount of land that could be irrigated and an increase in the salinization of the soil. The consequent decline in the region's economic productivity was accompanied by a rise in the level of impoverishment throughout the land, and a decrease in the populations of both urban centres and rural settlements.

Added to this, the kingdom suffered further serious destabilization from aggressive Aramaean tribal groups who sought constantly to expand their territories within the kingdom's borders and win control of important trade routes. Speakers of a west Semitic language called Aramaic, the Aramaeans had spread widely through the Near Eastern world from the late second millennium BC onwards. By the end of the millennium, a number of Aramaean states had been formed, particularly in areas of Mesopotamia, Syria, and eastern Anatolia. Some of their leaders were later to play an important role in Babylonia's history. But in the late tenth century, it was Assyria which once more became Babylonia's most serious threat, a threat that materialized when the Assyrian king Adad-nirari II (911–891) defeated his Babylonian counterpart Shamash-mudammiq and conquered his entire land.

We should now introduce another group of tribal peoples who were to play an increasingly prominent role in Babylonian history. In Akkadian, they were known by the term *kaldu*. From the Greek-derived word *Chaldaioi*, we call them Chaldaeans. Also speaking a west Semitic language, they probably entered Babylonia from the north-west some time in the eleventh or tenth century BC, but subsequently established settlements along the lower Euphrates and in the Sealand marshlands at the head of the Persian Gulf. They seem to have shared a number of features with the Aramaeans, though our ancient sources make a clear distinction between the two groups. These sources identify five Chaldaean tribes, the most important of which were Bit-Dakkuri, Bit-Amukani, and Bit-Yakin (Bit = 'House of').

While many of the Chaldaeans probably continued to live a nomadic or semi-nomadic lifestyle after their arrival in Babylonia, others appear to have taken quickly to an urban existence, building their own towns and cities, and becoming closely involved in Babylonian social and political life. Some of them even adopted Babylonian names. They nonetheless maintained their traditional tribal structures and distinct identity. Some became very wealthy, through income derived from large livestock enterprises and because of the excellent strategic location of many of their settlements on major trade routes. A number of their leaders became prominent in the Babylonian political scene, and several of them actually occupied the Babylonian throne for a time, as we shall see.

Assyrian overlordship

After its low point in the late tenth century, the Babylonian kingdom experienced some resurgence in its fortunes under a king called Nabu-apla-iddina, a member of what the Babylonian Kinglist calls the 'Dynasty of E', which lasted from about 979 to 732. Nabu-apla-iddina was clearly one of the most outstanding members of this dynasty. His reign, which began *c.*888, extended over thirty-three years. Once more free of Assyrian sovereignty, Babylonia in this period was a stable, prosperous land which enjoyed a great cultural renaissance.

Traditional cult centres were restored and sacred rites which had fallen into disuse were revived. In this period too Babylonia enjoyed peaceful relations with Assyria. But the peace came to an end when the Assyrian king Shamshi-Adad V (823–811) launched four campaigns against his southern neighbour, finally capturing its king Baba-aha-iddina (812) and deporting him to Assyria. A period of chaos and anarchy followed in Babylonia. But then there was another resurgence in the country's fortunes when a king called Nabonassar mounted its throne. His period of rule (747–734) is seen as the beginning of a new era in Babylonian history. This is reflected in the fact that two major historiographic texts, the *Babylonian Chronicles* and the *'Ptolemaic Canon',* use his reign as their starting-point in their accounts of Babylonian history.

Shortly after Nabonassar's death, Babylonia was again divided by struggles between competing power groups, including the Chaldaeans—until in 729 the Assyrian king Tiglath-pileser III intervened. Overthrowing the current occupant of the Babylonian throne, a member of one of the Chaldaean tribes, Tiglath-pileser declared himself king of Babylonia, and instituted a period of 'double monarchy'. In theory, this meant that kingship in Babylonia was shared by the Assyrian king with a Babylonian appointee. In effect, Babylonia was now subject to the sway of an Assyrian overlord. It was an intolerable situation for the hitherto independent kingdom, and Assyrian sovereignty was constantly challenged, particularly by a series of Chaldaean leaders. By the eighth century, Chaldaean tribal groups had become a major political force in Babylonia, and during the course of the century three of their leaders occupied the Babylonian throne.

The most notable of them was a man called Marduk-apla-iddina, better known to us by his biblical name Merodach-baladan. Twice king of Babylonia (721–710 and 703), Merodach-baladan united the land under his leadership for a protracted struggle to free his fellow-countrymen from the Assyrian yoke. He was supported in his conflict with the Assyrian king Sargon by his allies the Elamites. As the contest played itself out, he won some significant victories, and indeed claimed to have regained his country's independence. But Assyrian determination to win back control of Babylonia eventually forced him to abandon his throne and flee for his life (710). Seven years later, he returned to the fray, reclaiming his country's kingship and stirring up resistance against the new Assyrian ruler Sennacherib, until the latter inflicted a devastating defeat on his forces in a showdown in southern Babylonia. Merodach-baladan once more fled for his life. He sought and was granted refuge in Elam, where he died soon afterwards.

Sennacherib now abolished the double monarchy (which had never effectively existed) and appointed first a Babylonian puppet and then one of his own sons to its throne. This prompted a campaign into Babylonia by the Elamite king Hallushu (or Hallushu-Inshushinak), who sought to establish his own authority there. He did in fact succeed in removing Sennacherib's son from Babylonia's throne and setting up his own appointee in his place. But his enterprise ended abruptly when Sennacherib invaded Babylonia once more, and routed the Elamite and Babylonian forces in a battle near Nippur. The Elamite king fled back to Susa, where he was assassinated by his own subjects. Sennacherib took prisoner and executed the man he had put on the Babylonian throne. The Assyrian was again master of Babylonia.

But Babylonian resistance soon broke out afresh. It was first led by another Chaldaean leader, Mushezib-Marduk, who defied the Assyrians for several years before Sennacherib launched a devastating campaign against him in 689. Babylon was destroyed in the course of it, and Mushezib-Marduk taken prisoner and deported to Assyria. Yet the spirit of independence still flared strongly in the Babylonian breast, and anti-Assyrian resistance movements continued in the reigns of Sennacherib's successors. Victory was finally achieved by a leader called Nabopolassar. In 626, he seized the throne in Babylon, and became the first of a series of kings who ruled over Babylonia during the greatest period of its history—the period of the Neo-Babylonian empire (626–539).

The preservation of Babylonian cultural traditions

During the first millennium BC, Aramaean influence spread widely through Babylonia, as indeed it did through other parts of the Near Eastern world. This is particularly evident from the increasing use of the Aramaic language as the medium of written communication, and Aramaic progressively became the international lingua franca of the Near Eastern world. Even so, the cuneiform tradition persisted in the Babylonian scribal establishments until the first century AD, as we have noted, and Babylonian cultural institutions and traditions extending back to the Old Babylonian and Kassite periods were preserved. Reverence for the kingdom's past cultural history helped ensure the survival of many of the great works of Babylonian literature and science.

Sadly, we have little material evidence of this long period of Babylonian history, between the Kassite and Neo-Babylonian eras, though some finds dating to it have come to light in Babylon and several other Babylonian cities, notably Ur. We know too that a number of Assyrian kings, especially Esarhaddon and his son and successor Ashurbanipal, were enthusiastic promoters of Babylonian culture. This is demonstrated by their extensive building and restoration projects in Babylonia, particularly in Babylon. Unfortunately, our information about these projects comes only from Assyrian written records, for the archaeological record has left us almost no tangible evidence of Assyria's contributions to the preservation of Babylonian culture. But as described in their written records, these contributions make clear how revered Babylonian culture was beyond the confines of Babylonia itself.

This is most famously evident from the vast tablet-finds of the library of Ashurbanipal at Nineveh, discovered in 1853. Ashurbanipal had copies made of all the most important texts which had originated in Babylonia, including the Epic of Gilgamesh, the Atrahasis myth, and the Babylonian Creation Epic. He ordered that texts be collected from the temples and palaces and other places throughout his realm and brought to his royal capital. His purpose was first and foremost a practical one. He wanted to gather together all those texts from all periods, in the lands he ruled, which he believed would provide him with the best advice for administering his empire. The collection he amassed was not intended primarily to be a repository of literary masterpieces. But in fact a number of the works he *did* collect, and which *did* fall into the category of useful advice for a reigning king, happened to be works of great literature as well. The most notable of these was the Epic of Gilgamesh. But they included all the important works of Babylonian literature up to Ashurbanipal's own time. For this we must be ever thankful to Ashurbanipal, for it is very largely due to him that the choicest examples of Mesopotamian literature are still available to us to study and enjoy today.

Chapter 7
The Neo-Babylonian empire: (626–539 BC)

The rise of the Neo-Babylonian dynasty

In November of the year 626, Babylon's throne was seized by a man called Nabopolassar. His origins are uncertain. Inscriptions refer to him as 'the son of a nobody', though there is some evidence to suggest that he was the son of a governor of Uruk under the former Assyrian administration, and may himself have governed the city before he led a rebellion against Assyrian rule. Nor is there any clear evidence that he was of Chaldaean stock, as once commonly believed. Nabopolassar appears to have emerged initially as a powerful leader in the Sealand region. But he had his sights firmly set on the throne of Babylon, and finally wrested it from Assyrian control.

The timing of his move on Babylon was opportune. Weakness and instability in the heartland of the Assyrian kingdom, which followed shortly after the death of Assyria's last great king Ashurbanipal, could be exploited by a vigorous new Babylonian leader to throw off the shackles of Assyrian overlordship and establish a new independent kingdom in the south. And power struggles among competing factions in Babylonia itself helped ensure that Nabopolassar faced no united opposition when he sought to impose his control upon the entire land.

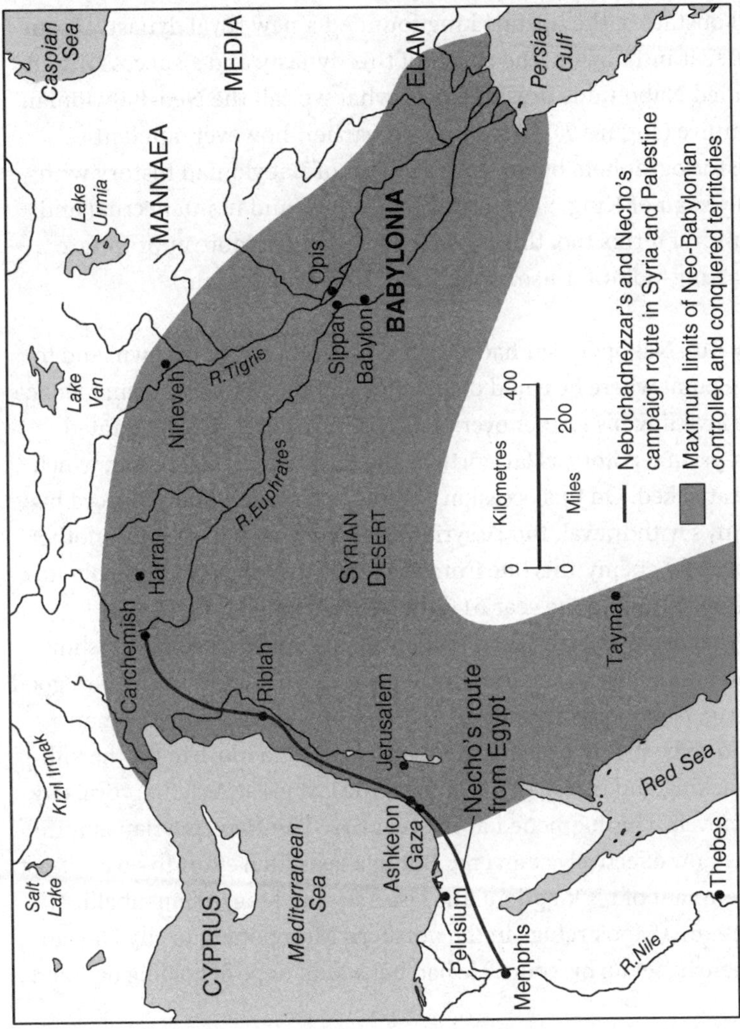

7. Maximum extent of Neo-Babylonian controlled and conquered territories.

Yet it took him ten years to consolidate his position on Babylon's throne, in the face of a series of attempts by Assyria to re-establish its sovereignty over its southern neighbour, and continuing political instability within Babylonia itself. After finally overcoming all obstacles, the upstart king founded a new royal dynasty. From its seat in Babylon, the rulers of this dynasty and a successor to it called Nabonidus presided over what we call the Neo-Babylonian empire (Figure 7). (As we noted earlier, however, ancient historiographers begin their account of Babylonian history with the reign of King Nabonassar (747–734), and in intellectual and cultural terms too, this is often considered a more appropriate starting-point for use of the term 'Neo-Babylonian'.)

By 616, Nabopolassar had asserted his authority in his own land to the point where he could dispose for all time of the Assyrian menace by invading his former overlord's core territories. He penetrated Assyrian territory as far north as the tradition capital Ashur, which he attacked. On this occasion, strong Assyrian resistance forced his army's withdrawal. But Assyria was now being harassed by another powerful enemy, this one from the east—the kingdom of Media in western Iran. In the year 614, the Median king Huvakshatra (Cyaxares in Herodotus) marched against and sacked both Ashur and another great Assyrian royal capital, Nimrud. It would be a good thing, Nabopolassar realized, to make an alliance with this man. And so he did, in time for their joint armies to move in for the kill, attacking and razing to the ground the last great Assyrian royal city, Nineveh. This happened in the year 612. The Neo-Assyrian empire was now effectively at an end. But in a last-ditch effort to save at least a remnant of his kingdom, the last Assyrian king, Ashur-uballit II (612–610), took refuge in the northern Mesopotamian city Harran, where he set up his court. He had but a faint hope of holding out there.

Egypt enters the fray

That brings another major player into the scene—Egypt. In 610, Egypt's throne was occupied by an enterprising new ruler, Necho II.

With aspirations for restoring Egypt to its status as a major international power, Necho made plans for the conquest of Syria and Palestine. As a first step towards this, he responded to an appeal for assistance from his Assyrian royal brother and set out for Harran, passing through Palestine and Syria on his way. But his expedition was too late to save this last remaining Assyrian stronghold. When Ashur-uballit realized that help from Egypt would come too late to save the city, he promptly abandoned it to the fast-approaching Babylonian and Median armies, who captured and sacked it.

Necho was probably not too concerned about the failure of his alleged mission. He must have realized that the Assyrian empire was doomed anyhow. Of more concern to him was that its demise left a power vacuum in Assyria's former subject territories, including those west of the Euphrates. His northern campaign gave him the opportunity to establish his own authority in these territories, most notably in Syria and Palestine. For he had no doubt that the Babylonians, fresh from their Assyrian triumphs, would quickly turn their attention westwards. His fears were justified. Very soon, and for the first time in Babylonian history, a Babylonian king sought to make himself overlord of the lands lying between the Euphrates and the Mediterranean Sea. To pre-empt this, Necho sought to consolidate his own hold over the region during his march back to Egypt through Syria and Palestine. As part of the process, he established a regional headquarters in the city of Riblah on the Orontes river. He did succeed in asserting his authority over the Syro-Palestinian regions on his homeward journey—but just for the time being. Four years later, in 605, he had to return to his northern subject territories—to confront a new challenge to his sovereignty over them.

The reign of Nebuchadnezzar

We come now to one of the most famous, and (deservedly or not) infamous figures of the ancient world, and certainly the defining figure of the Neo-Babylonian era—Nebuchadnezzar II. Strictly, we should call him 'Nebuchadrezzar'. This more accurately reflects the Akkadian form of his name—*Nabū-kudurrī-usur*, meaning 'O Nabū, protect my heir'. Both forms appear in the Old Testament, but Nebuchadnezzar is the one more commonly used there, notably in the Book of Daniel.

As crown prince, successor-in-waiting to his father Nabopolassar, Nebuchadnezzar had already become a battle-hardened warrior under his father's command. And indeed his father entrusted him with sole command of an expedition across the Euphrates in 605. It was an extremely important mission, for it would bring the prince into head-on conflict with Necho, the ultimate prize being permanent sovereignty over Syria and Palestine. The military showdown between Necho's and Nebuchadnezzar's armies took place near the city of Carchemish on the west bank of the Euphrates. Nebuchadnezzar won a resounding victory, and Necho was forced to retreat to Egypt, with what was left of his forces. Nebuchadnezzar continued his operations in the west, consolidating his hold over the lands of Syria and Palestine, and was busy with these when he received word that on 8 May 605 his father had died. Hastily gathering up the spoils of his operations in the region, including Judaean, Phoenician, Syrian, and Egyptian prisoners for transportation to Babylonia, he returned to his capital, attended to the ceremonies for his father's death, and was installed on Babylon's throne as his kingdom's new ruler. The accession, we are told, took place on 1 June—just twenty-four days after his father's death.

But he had barely warmed his throne before he set out for the west once more, to make certain that his authority was firmly embedded over the resource-rich and strategically important lands beyond the Euphrates. The rulers of these lands did not hesitate to assure him that it was, acknowledging the Babylonian as their overlord and accompanying their pledges of loyalty with large quantities of tribute. To keep a check on their continuing loyalty, Nebuchadnezzar made regular tours of inspection through their lands for the next ten years. But his regular appearances in his western territories had another purpose as well. There was the matter of a possible future challenge from Egypt to be considered.

Necho had by no means given up his ambitions to regain control of the lands to his north, and indeed word reached Nebuchadnezzar that he was mustering his forces for a fresh campaign there. This was in the year 601. Reinforcing his Babylonian garrisons stationed in Syria and Palestine, Nebuchadnezzar decided to pre-empt an Egyptian invasion by marching south to confront the Egyptian army before it advanced into Babylonian-controlled territory. The two armies met near the city of Pelusium, which lay at the north-eastern end of the Egyptian Delta; it was on the route from Egypt to Gaza. Both sides sustained heavy casualties in the conflict. Nebuchadnezzar had to return home to rebuild his army. Necho *may* have advanced as far as Gaza. But if so, he got no further, and neither he nor any subsequent members of his dynasty, the Twenty-Sixth so-called Saite dynasty, were ever again able to establish Egyptian authority over the lands of Syria and Palestine. Ultimately, then, the battle had a successful outcome for Nebuchadnezzar.

But Nebuchadnezzar was left with an unresolved issue in his Palestinian territories. Three years before the battle at Pelusium, Jehoiakim, king of Judah, had pledged allegiance to him. But after the showdown, and believing that Necho had got the better of it, Jehoiakim switched sides to Egypt. He nonetheless remained securely on his throne for several more years before Nebuchadnezzar was ready to take action against him. This came in the year 597 when the Babylonian marched into Jehoiakim's kingdom and laid siege to Jerusalem. By now, however, there was a new king on the Judaean throne. Three months earlier Jehoiakim had died, to be replaced by his eighteen-year-old son, Jehoiachin. The fledgling ruler promptly surrendered to Nebuchadnezzar, realizing that resistance was futile, and was deported to Babylon, together with his wives and the rest of his royal entourage, according to the Old Testament account (2 Kings 24: 14–16), plus 10,000 soldiers, officers, craftsmen, and smiths.

In Jehoiachin's place Nebuchadnezzar installed a puppet ruler called Zedekiah. For more than eight years, Zedekiah remained loyal to his overlord. But finally, in his ninth year, he rebelled. An account of all this is contained in our Old Testament sources (2 Kings 24: 17–25: 1, Jer. 39: 1). The rebellion prompted a full-scale expedition by a furious Nebuchadnezzar, who laid waste the countryside around Jerusalem then placed the city under siege. After an abortive attempt by an Egyptian expeditionary force to rescue the beleaguered city and its king, Jerusalem fell. Zedekiah managed to escape the city with his army, but Nebuchadnezzar's forces caught up with them in the plains of Jericho.

Separated from his own forces, which were now in disarray, Zedekiah was captured and brought before Nebuchadnezzar in his Syrian headquarters at Riblah (formerly used as a base by Necho). Here Nebuchadnezzar punished him cruelly for his disloyalty. After his sons were dragged before him and executed, Zedekiah's eyes were put out, and he was taken in chains to Babylon. The following month, Nebuchadnezzar sent the commander of his imperial guard to Jerusalem, with orders to destroy the city. This was in the year 587 or 586. Jerusalem's destruction brought to an end the so-called First Temple Period. According to the Old Testament account, all who survived the siege and destruction of the city, along with the majority of the rest of the kingdom's population, were deported to Babylonia. Ration-lists excavated in Nebuchadnezzar's Southern Palace mention Judaean exiles, including Jehoiachin, and numerous other foreigners. Recently discovered cuneiform tablets also attest the settlement of some of the deportees in the countryside of central Babylonia. Thus began the period of the Jewish exile. It was to last almost fifty years.

Jerusalem's destruction left but one major centre of resistance to Nebuchadnezzar in the Syro-Palestine region. This was the island-city of Tyre, which had courageously held out against submission to the Babylonians. Nebuchadnezzar now placed it under siege. For thirteen years, the Jewish historian Josephus tells us, Tyre defied its attacker (586–573). Even then, Nebuchadnezzar failed to take the city by force. It finally submitted to him, no doubt exhausted by the length of the siege and the privations which its occupants must have suffered, and Babylonian rule was installed there. It was also installed in the city of Sidon, which lay to the north of Tyre.

We know little else about the historical events of Nebuchadnezzar's reign. While it seems, overall, to have been a stable period in Babylonian history, we do hear of a major rebellion that flared up in the tenth year of the king's reign (595) in his own homeland. The rebellion was suppressed, but apparently only after the slaughter of many of the king's troops who had joined the uprising. What about the Medes during this period? They had after all facilitated the rise of the Neo-Babylonian empire as Nabopolassar's partners in the destruction of the Assyrian empire. But our Babylonian records are silent about them in the decades that followed Assyria's fall. This *may* indicate that relations between the two powers remained peaceful (or relatively so) for the rest of Nabopolassar's reign and at least a large part of Nebuchadnezzar's.

Yet in what were probably the later years of his reign, Nebuchadnezzar built a great defensive wall, called the Median Wall, north of his capital—across the narrow neck of land between Sippar and Opis, where the Tigris and Euphrates closely approach each other. Circumstances unknown to us must have arisen to persuade him of the need to bolster his kingdom's heartland against attacks from the north, whether by the Medes, or by other enemy forces who threatened his northern frontier.

If we leave aside the biblical tradition which depicts Nebuchadnezzar as one of the blackest of all villains in the Old Testament, this second king of the Neo-Babylonian empire well warrants a place among the outstanding rulers of the ancient Near Eastern world. Militarily, he established the most powerful and the most far-reaching empire of any Babylonian king, all the way back to and including Hammurabi. And to Babylonia itself he brought a stability which was no doubt the product of a sound and efficient administrative system. Its success may have been due largely to his proclaimed emphasis on justice throughout his land. In a time-honoured Mesopotamian royal tradition, his inscriptions declare him a 'king of justice' and record his achievements in rooting out abuses and injustice, especially in those cases where society's weakest and most vulnerable members were subjected to exploitation by those who had authority over them. We have no reason to believe that this was mere propaganda, or that Nebuchadnezzar did not apply himself conscientiously to the task of ensuring that the dispensation of justice was a prime consideration in the administration of his land.

So too in the tradition of his most illustrious royal predecessors, he prided himself on being a great builder. And he justified this pride by vigorously setting about the task of constructing new temples throughout his land, and restoring those that had fallen into disrepair. The king's royal capital Babylon above all benefited from his new building projects. These included restoration of the main temple precinct, Esangila, containing the cult centre of Babylonia's chief deity Marduk, and extensive other building works, including a complex series of walls designed to protect the capital against flooding as well as keeping out its enemies.

Of course, many of these enterprises must have been financed by the spoils of military campaigns. Prisoners were part of the spoils, and Judaea was far from being the only land from which large numbers of the conquered population were deported to Babylonia and used as labour forces on Nebuchadnezzar's building projects. But it was as a builder rather than a warrior that Nebuchadnezzar should best be remembered—and that is how he wanted to be remembered, as many of his inscriptions make clear. This is related to the Babylonian ideology of kingship. His reign too saw a vigorous promotion of the arts and sciences, for which the Kassite kings had earlier established a reputation.

Nebuchadnezzar's first successors

The years following Nebuchadnezzar's reign saw a gradual crumbling of the empire he and his father had built. On his death in 562, he was succeeded by his son Amel-Marduk (biblical Evil-Merodach; 2 Kings 25: 27, Jer. 52: 31) who reigned only two years before he was assassinated in a palace coup in 560 and replaced on the throne by a man called Nergal-sharra-usur, better known to us as Neriglissar. This man, *perhaps* his predecessor's brother-in-law (if we accept what the third-century historian-priest Berossos tells us), may well have had a part in the coup. Amel-Marduk was noted, or remembered, only for his licentious behaviour and arbitrary exercise of power. His widespread unpopularity undoubtedly proved his undoing.

Neriglissar was a rather more responsible king. Our sources record his restoration of temples both in the capital and in the city of Borsippa, and tell us of a successful campaign he conducted into the country called Pirindu in south-eastern Anatolia; it was part of the region later called Cilicia in Greek and Roman texts. Nebuchadnezzar seems also to have campaigned there in the thirteenth year of his reign (592–591), to judge from a text which refers to prisoners which he brought back from the region. But Babylon's hold of Pirindu appears to have been tenuous at best. Neriglissar died in unknown circumstances in 556, and his son and successor Labashi-Marduk had barely time to stake his claim to his father's throne before he was removed from it three months after Neriglissar's death by a military coup. The army officers who

8. Nabonidus.

instigated the coup replaced him with one of the most controversial of all Babylonian rulers, a man called Nabu-na'id, better known to us as Nabonidus (Figure 8).

The empire's last king

Nabonidus was the last ruler of the Neo-Babylonian empire. With the end of his reign came the end of the empire. We know a good deal about the reign itself, from a large number of written sources—but there is a not a word of this king, at least not an explicit word, in the Old Testament. This is partly for reasons that will later become clear.

Nabonidus himself tells us in one of his inscriptions that he came to the throne, in the coup which dispatched his predecessor, as a nonentity without any aspirations for the kingship. He *may* in fact have had noble blood in his veins (it has also been suggested that he was of Aramaean origin), but he had absolutely no connection through blood-line or family links with the dynasty which his accession put to an end. In his fifties, or older, when he was proclaimed king, his elevation to royalty in the military coup that terminated Labashi-Marduk's brief reign suggests that he had made a name for himself in influential military circles, to the point where the troops considered him a worthy occupant of the throne.

At least to begin with, Nabonidus sought to project the image of a king who would maintain the time-honoured traditions of Babylonian royalty, giving particular attention to building programmes throughout his land, including the repair and restoration of religious sanctuaries. His strong interest in history and antiquities provided part of the context for his restoration projects. Yet he also turned his attention to military activities very soon after mounting the throne, demonstrating his credibility as a warrior-king with two successful campaigns into Hume in south-eastern Anatolia shortly after his accession. Like its neighbour Pirindu, Hume was part of the region later called Cilicia. Nebuchadnezzar had also claimed conquests there. By and large, Nabonidus's military policies seem to have been soundly based, even if they ultimately failed to save the empire from its fall.

Let us now introduce another major player in this last phase of the Neo-Babylonian empire—the king's mother, Adad-guppi. A great deal is known about this *éminence grise* from her biography, which turned up in 1956, inscribed on a stele found in the Great Mosque in the city of Harran. From this fascinating document, we learn that Adad-guppi lived to the ripe old age of 102. The enormous influence she exercised over her son led him on a course of action that provoked resentment among some of his subjects. From the final years of the Neo-Assyrian empire, Adad-guppi had been a loyal devotee of the moon god Sin and worshipped him in his great sanctuary in Harran. This city, we recall, had become the refuge of the last Assyrian king before it was destroyed by the Median–Babylonian alliance in 610. We are told in Adad-guppi's biography that after angrily abandoning the city, Sin returned to Nabonidus's mother in a dream, in response to her unwavering devotion to him, and told her that her son would have kingship bestowed upon him so that he could restore Harran and rebuild the god's temple there, the Ehulhul.

Nabonidus took to heart the message conveyed via his mother's dream, and with great enthusiasm set about the task of restoring Harran and Sin's temple. But his attention to Sin's affairs was the cause of some hostility towards him, especially among the priestly class, for he was seen to be neglecting the traditional gods, including Marduk, the most revered of them all. It was to Marduk that his first obligations were due. And it was Marduk, his subjects believed, who was really responsible for his elevation to kingship. Indeed, one of Nabonidus's inscriptions, carved on a stele found in Harran, tells us that the king's increasing devotion to Sin, at the expense of Marduk, caused unrest in many parts of his kingdom. But scholars now believe that claims once made of widespread and fierce resistance to the king on religious issues have been considerably overstated. It was also once argued that a seriously deteriorating economic situation in the country was a further cause for hostility towards Nabonidus. In fact our sources indicate that both socially and economically Babylonia prospered throughout his reign, right up to its end in 539—and well beyond it.

Nabonidus is best remembered for an extraordinary move he made early in his regnal career—one which was to have a substantial impact on his kingdom for the rest of his reign. A Babylonian Chronicle informs us that in his third year the king set out with his army for a military expedition to the west, to put down rebellions in the regions of what are now Lebanon and Transjordan. From there he took his army into northern Arabia. And here, in the summer of 552, he established a royal residence in the oasis city of Tayma (Taima, Teima)—where he remained for the next ten years, between 552 and 543. In his absence, he appointed his son Bel-shar-usur (better known to us as the biblical Belshazzar) as regent, to manage the affairs of the kingdom. Belshazzar seems to have been a conscientious stand-in for his father, maintaining the important traditional practices of Babylonian royalty and firmly supporting the cult of Marduk.

The possible reasons for Nabonidus's move to Tayma and lengthy stay there have been much debated by scholars. Was the king's apparent devotion to the god Sin the primary reason for his leaving Babylon and taking up residence in Tayma? The Babylonian scholar Marc Van De Mieroop warns us not to be too hasty in drawing this conclusion. He points out that while the cult of the moon god was indeed prominent in Arabia, there is no clear indication in Nabonidus's inscriptions that the king promoted it there. He suggests that the expansionist aims of the newly emerging Persian empire under its king Cyrus II, commonly known as Cyrus the Great, were probably more important than religious motives in Nabonidus's decision to move his court to Tayma; Cyrus's ambitions put at risk Babylon's subject territories in northern Mesopotamia and Syria, 'and the loss of these territories would have cut off Babylonia from the Mediterranean. Nabonidus may have explored new routes through the desert from Babylon to the west to secure access to that sea.'

Related to this is the suggestion that Nabonidus's actions were prompted, in part at least, by specific commercial considerations. Northern Arabia was an extremely wealthy region, through which passed strategically valuable trade routes that were used as a conduit for such merchandise as gold, frankincense, and various exotic spices. Joan Oates observes that at Tayma caravan routes from Damascus, Sheba, the Arabian Gulf, and Egypt converged: 'the city was a natural centre for Arabian trade, and the acquisition of a new trading empire in southern Arabia would have been a great achievement worthy of Nebuchadnezzar.'

Sound, practical reasons may have underpinned Nabonidus's sojourn in Tayma. But why did he stay there so long? Once he had established Babylonian authority over it, couldn't he have left it in the hands of a deputy, with the support of a strong military garrison? As the years passed, his return to his capital became a matter of increasing urgency—partly because during his absence the great New Year Festival which featured the god Marduk could not be celebrated. It was thus neglected for ten years. But there was another pressing matter requiring his presence back home—the need to restabilize his kingdom in the face of the mounting threats from beyond its frontiers.

Cyrus presented the most formidable of these threats. And it may well be that a primary motive for Nabonidus's return to his capital in 543 was to make preparations for countering a Persian invasion—not merely of his subject territories, but of the very heartland of his kingdom. Already Cyrus had demonstrated his expansionist ambitions by his campaign into western Anatolia, where he destroyed the Lydian empire in 546. And by 543 he was indeed seeking to extend his sovereignty over the lands of Mesopotamia. Realizing that invasion of his kingdom was imminent, Nabonidus ordered that the statues of all the Babylonian deities from the major temples in his land be brought to Babylon for safekeeping. That they would now be secure from the enemy was wishful thinking. The royal capital itself was soon to fall.

Well aware that Nabonidus's kingdom was almost his for the taking, Cyrus marched to the Tigris river in 539, accompanied by a Babylonian governor who had defected to the Persian side. After winning a fierce battle against Nabonidus's forces outside the city of Opis, Cyrus crossed the river and took control of the northern Babylonian city Sippar—and then Babylon itself, on 29 October 539. Both Sippar and Babylon probably surrendered without resistance. Indeed, though Cyrus had demonstrated his military might by his victory over the Babylonian forces at Opis, he also used propaganda as an effective tool in winning over the Babylonian people. Marduk himself, he claimed, had ordered him to take control of Babylon. And he consolidated his goodwill among the conquered Babylonians by ordering that the temples of Babylon and those throughout the Babylonian land be left undisturbed.

What happened to Nabonidus? He was captured by Cyrus, but his eventual fate remains uncertain. One account has him executed by his conqueror, but another tells us that Cyrus removed him from Babylon and set him up elsewhere in his realm, perhaps as a local governor.

Indeed, according to yet another source, he may have outlived Cyrus and his successor Cambyses.

Babylon's kings in biblical tradition

Surprisingly, it may seem, there is not a single reference to Nabonidus in our biblical sources. The commonly accepted explanation for this is that the writers of the relevant Old Testament books, particularly the Book of Daniel, conflated Nabonidus with Nebuchadnezzar. (The Jewish historian Josephus wrongly concluded that Belshazzar and Nabonidus were the same person.) In so doing, they blended into Nebuchadnezzar's reign a number of distorted aspects of Nabonidus's reign. Thus Nebuchadnezzar's obsession with his dreams and their correct interpretation (as related in the Book of Daniel) is seen as a reflection of Nabonidus's habit of describing his dreams in his inscriptions.

More specifically, Nabonidus's ten-year sojourn in the Arabian desert is transformed in biblical tradition into Nebuchadnezzar's seven years of madness; these years Nebuchadnezzar spent in the wilderness at God's command (as punishment for his arrogance and the pride he took in his capital), living among wild animals and eating grass, his hair growing like an eagle's feathers and his nails like a bird's claws (Daniel 4: 28–33). This lurid image is preserved in later tradition by William Blake's famous painting (Figure 9). Indeed, the biblical account of Nebuchadnezzar shaped all later perceptions of this king—at least until the decipherment of the Near Eastern languages in the nineteenth century. The discovery and translation of the cuneiform texts relating to Nebuchadnezzar's reign provided a more accurate, more balanced view of him, highlighting as they do his many positive achievements, material and social, cultural and political.

In the Book of Daniel, Nebuchadnezzar finally repents his sins and submits to God, and his sanity, throne, and kingdom are restored

9. William Blake's Nebuchadnezzar.

to him. But then comes the reign of his son, called Belshazzar in the biblical story. And it is in *his* reign that the Babylonian kingdom comes to an abrupt and violent end. The episode of the writing on the wall which appears in Belshazzar's banqueting hall when he is entertaining a thousand of his nobles has been immortalized in later tradition, most notably by Rembrandt's famous painting (Figure 10). The words MENE, MENE, TEKEL, UPHARSIN, signifying monetary values in descending order, thus a shrinking economy, were interpreted by Daniel, who declared that they indicated the imminent death of Belshazzar and the Persian conquest of his kingdom: 'God has numbered the days of your reign and brought it to an end. You have been weighed on the scales and found wanting. Your kingdom is divided and given to the Medes and Persians' (Daniel 5: 26–8).

We might at this point mention that according to the biblical account Daniel was one of a group of young men from the Israelite

10. Belshazzar sees the 'writing on the wall', by Rembrandt.

nobility who were 'without any physical defect, handsome, showing aptitude for every kind of learning, well informed, quick to understand, and qualified to serve in the king's palace' (Daniel 1: 3–4). (Daniel is renamed Belteshazzar by the Babylonian officials.) There can be no doubt that this biblical statement reflects a general policy which Nebuchadnezzar implemented of identifying among those deportees brought to his kingdom persons who showed particular qualities and aptitudes, training them as appropriate, and putting their skills to good effect in the cultural, intellectual, and political development of his kingdom. Persons of talent could almost certainly be assured of a good living, and advancement, in the land of their conquerors.

The writers of the Book of Daniel, probably compiled during the third and second centuries BC, were almost certainly well acquainted with the history of the Neo-Babylonian empire. They knew that Belshazzar was not the son of Nebuchadnezzar, but of the last Babylonian king, Nabonidus. And they knew too that Belshazzar was never king in his own right. Though he exercised many of the duties and responsibilities of kingship during his father's absence, he is never referred to in inscriptions of the time as any more than 'the son of the king'. And he stepped aside when his father returned to Babylon to resume full powers of kingship.

What the writers of Daniel have done is to adapt substantially the history of the Neo-Babylonian kingdom, so that they reduced Nebuchadnezzar's successors from four to one (and *that* one, Belshazzar, never a king in his own right). In so doing, their intention was to make their story as simple as possible, by removing from it the clutter of short-lived and mostly undistinguished rulers, thereby helping to make the message they sought to convey the more powerful. Nebuchadnezzar was the arch-fiend, responsible for the destruction of Jerusalem and the mass deportation of its citizens. It was important to emphasize that in carrying out these atrocities, he did so with God's consent; God sought to punish his people for their sins and wickedness, and Nebuchadnezzar was his tool. Then came God's final vengeance on the land of Babylon, the Persians now acting as the instrument of his wrath in destroying the evil empire, and its last king, Nebuchadnezzar's 'son and successor'. Belshazzar's final outrage, in the biblical story, was his act of sacrilege when he used as drinking cups for his feast sacred vessels taken by his father from the temple in Jerusalem when the city was sacked.

Chapter 8
Nebuchadnezzar's Babylon

Is not this the great Babylon I have built as the royal residence, by my mighty power and for the glory of my majesty?

(Daniel 4: 30)

Recreating Nebuchadnezzar's royal capital

By the end of Nebuchadnezzar's reign, Babylon had become the greatest city on earth (Figure 11). The king's father and royal predecessor Nabopolassar had begun afresh the task of restoring the cities throughout his realm after destroying their former overlord Assyria. His role as a great builder, and as the sponsor and restorer of Babylonia's age-old traditions and customs—especially its time-honoured religious practices, the gods whom they honoured, and the sanctuaries and cult centres where they were performed—took pride of place among the achievements he claimed. And the son followed enthusiastically in the father's footsteps. Under Nebuchadnezzar, Babylon reached the height of its cultural, intellectual, and material splendour. And other cities of the kingdom benefited greatly during his reign, especially in their material development. Enormous resources in manpower, wealth, and building materials were required for the massive construction projects undertaken in Babylonia's cities. To a large extent, these came from the spoils of Nabopolassar's and Nebuchadnezzar's military enterprises, gathered in the aftermath

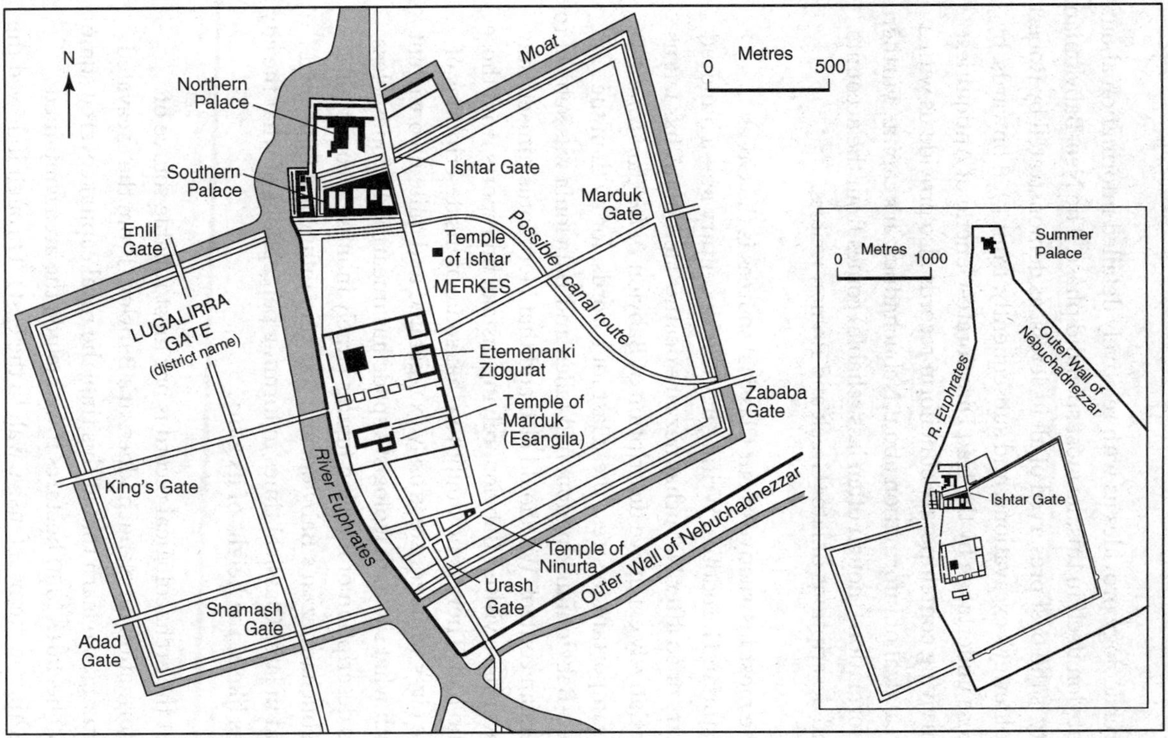

11. Nebuchadnezzar's Babylon.

of their battlefield victories from all parts of the newly conquered lands.

Archaeology provides us with relatively detailed information about Babylon itself in this, its most splendid phase. The Neo-Babylonian city is the best preserved of all its levels, as demonstrated by Robert Koldewey's excavations, and subsequently, from 1958 onwards, by those undertaken by the Iraq Directorate-General of Antiquities. Surviving contemporary cuneiform records also provide us with a great deal of information about Nebuchadnezzar's capital. Further information (though often less reliable) comes from the accounts and descriptions of later Greek and Roman writers.

The most instructive of our Classical sources is the Greek historian Herodotus. Writing in the fifth century BC—a hundred years or so after Nebuchadnezzar's death—Herodotus has left us a relatively extensive description of Babylon *in his own time.* It's important to stress these last four words, for by then the Neo-Babylonian kingdom had fallen and Babylonia was subject to Persian control. We should also add that Herodotus himself may never have visited Babylon, relying instead on reports from those who had. There is no doubt too that some of his descriptions of the city's wonders are grossly exaggerated and quite inconsistent with what the archaeologist's spade has unearthed. Nonetheless, his description of Babylon figures largely in most accounts of Nebuchadnezzar's Babylon, and was very influential in its own and in later Classical times in forming perceptions of what the city was like at the height of its glory.

But the archaeological record is our most reliable source of information on Nebuchadnezzar's Babylon. From the excavated remains, we learn that at this time the royal capital covered some 450 hectares (850 hectares if we include the area contained within the outer defensive wall to the east). Through it flowed the Euphrates, dividing the city into two unequal portions, the larger located on the river's east bank. The two sectors of the city were linked by a bridge, supported on boat-shaped piers. You had to pay a toll to cross the bridge, but you could also cross by ferry. The river itself had its banks strengthened against erosion and floods by huge barriers of baked brick. A network of canals distributed water throughout the city.

Among the building projects begun by Nabopolassar and completed by Nebuchadnezzar were the city's massive walls, whose origins actually date back to the Neo-Assyrian period or earlier. There were two main sets of walls, an exterior wall and an inner double one. The exterior wall, extending some 18 kilometres, enclosed the part of the city that lay east of the Euphrates, and included in the far north Nebuchadnezzar's so-called 'Summer Palace'. Its defences against enemy attack were strengthened by a moat, whose waters were channelled from the Euphrates, and a rampart which extended along its entire length.

The roughly rectangular inner double-wall, with inner and outer components, extended just over 8 kilometres, and enclosed the city's main buildings. It too was further protected by a Euphrates-fed moat. The wall was surmounted by a road wide enough, according to Herodotus, to enable the passage of four-horse chariots along it, between two rows of one-roomed buildings which topped it on either side. (The first-century BC Greek historian Diodorus Siculus says that two four-horse chariots could easily pass each other on the wall.) Herodotus further claims that the fortifications were pierced by no fewer than one hundred gates! Overall, his statistics are highly inflated ones, as later Classical writers realized. But there is no doubt that the walls were an extremely impressive feature of Nebuchadnezzar's Babylon—and were ranked by some ancient writers among the Seven Wonders of the Ancient World.

Entry to Babylon through these walls was provided by a total of perhaps nine gates. Only some of these have been excavated, though we know from cuneiform records what each was called;

12. Reconstruction of the Ishtar Gate, Babylon.

they were named after gods—for example, Adad, Shamash, Enlil, and Marduk. The most famous of the Gates is the one dedicated to the goddess Ishtar (Figure 12). Originally rising to a height of 15 metres, it was decorated with blue-glazed dragon figures and animal reliefs. A partial reconstruction of the gate can be seen in the Vorderasiatische Museum in Berlin. It was this gate that gave access to the 250-metre-long Processional Way, one of the great defining features of the city and a major part of the setting for the annual New Year festival.

The New Year festival

For this twelve-day celebration, called the Akitu festival (the most important of many festivals held annually in Babylon and other Babylonian cities), statues of the chief deities of the realm were gathered together to celebrate the arrival of spring and to participate in a ritual re-enactment of the triumph of Marduk over the forces of evil. On the festival's fifth day, the statue of the god Nabu, son of Marduk, arrived by boat after a journey along the Euphrates from his city Borsippa, accompanied by the statues of other major deities from other cities, all in specially made sailing vessels decorated with precious stones.

Their destination reached, the gods were carried in procession, followed by the king and his subjects, to the temple precinct called Esangila, where Marduk was in residence. The king entered the temple's innermost sanctuary. He was stripped of all his insignia of office, and had his ears pulled and his face slapped. After this ritual humiliation, he bowed down before Marduk and assured the god that during the past year he had committed no offence nor had he neglected his religious duties or his obligations to his city. Once more, he had his face slapped, sharply enough to bring tears to his eyes (thus winning the god's approval), and then his royal insignia were restored to him.

The following day, Marduk left the temple precinct. His freshly acquired power and authority were celebrated in a huge public procession. At its head were the king and Marduk's statue, the king 'taking the god by the hand', and other deities following. There was much feasting and singing and dancing, with a great part of the population of Babylon turning out for the occasion. The procession passed along the Processional Way through the Ishtar Gate, and then proceeded along the Euphrates to the temple called the House of Akitu. Here, further ceremonies took place until the festival's eleventh day, on which the gods returned once more to Babylon. The celebration of the land's and its chief god's renewal was almost done. It ended with a great banquet, after which the other gods of the land were escorted back to their own cities in their bejewelled water-taxis.

The palaces and temples

Royal residences were constructed in many parts of the king's realm, but those of Nebuchadnezzar's Babylon dominated all others. Already his father had built an impressive palace adjacent to the Processional Way on its western side, the so-called Southern

Palace. It was rebuilt on a grander scale by Nebuchadnezzar and in its final form encompassed five courtyards, so we learn from the excavations, and many apartments and reception rooms. The grandest of the courtyards gave access to Nebuchadnezzar's throne-room. Comparable in size to the Gallery of Mirrors at Versailles, it's been suggested that this was the setting for Belshazzar's feast. The Southern Palace was the most important of Nebuchadnezzar's royal residences in Babylon, but towards the end of his reign he built a second palace immediately to its north. The theory that this palace may have contained a museum, because of the discovery there of a large number of antiquities, including a basalt lion and statues and steles of various gods, kings, and governors, some of which date back to the third millennium, has been comprehensively debunked. Both palaces were defended by huge fortification systems.

There was also a third palace in Babylon, built by Nebuchadnezzar at the extreme northern end of the city, just inside the city's exterior wall. It has been dubbed the 'Summer Palace' because in it were discovered the remains of what were once thought to be ventilation shafts; but they have turned out to be much later—part of the substructure of a fort built on the site in the Parthian era. In any case the 'Summer Palace', remote from the city's centre but still within its outer fortifications, may have provided the king with a retreat beyond the bustle of the city, while still close enough to its centre for him to be kept closely in touch with the capital's and the kingdom's affairs.

The very heart of the city was occupied by the most important sacred precinct in the Babylonian world. This was the temple enclosure called Esangila, a Sumerian name meaning 'House Whose Top is High'. Dating back at least to the early second millennium, the sanctuary had long been venerated as a place of great holiness. It contained the shrine of Babylonia's most important deity, Marduk. Destroyed by Sennacherib during his sack of Babylon in 689, it was partly rebuilt by later Assyrian kings, and the statue of Marduk, carried off by Sennacherib, was restored. However, Nebuchadnezzar ordered a total reconstruction of the precinct, with 9-metre-high gateways, cult-rooms embellished with precious metals, and doors and ceiling beams made of cedar-wood from Lebanon. The precinct also contained shrines to other important Babylonian deities, including Marduk's wife Zarpanitu and his son Nabu, the patron god of scribes. (This is a clear indication of the importance of the scribal craft, given that its patron was one of Babylonia's chief deities.) Nebuchadnezzar in one of his inscriptions tells us that the shrine of Marduk, which he ordered to be covered in gold, shone like the sun.

Within Babylon's principal cultic region, and just north of the Esangila, was Babylon's second most important cultic precinct—the sanctuary of Etemenanki, 'House of the Foundation Platform of Heaven and Earth'. Here was located the ziggurat dedicated to Marduk. The shrine of the god lay atop a six-stepped platform, perhaps first built during the late second millennium, perhaps earlier. It too had been destroyed by Sennacherib and partly restored by his successors. But, like the Esangila, its major rebuilding was due to Nebuchadnezzar after earlier reconstruction on it by his father. From this structure originated the famous biblical tradition of the 'tower of Babel'.

The two temple precincts dominated Babylon's religious life and were defining features of the city landscape. The ziggurat in particular was a prominent landmark, and perhaps provided a useful lookout point, to give early warning of an approaching enemy. But there were also many other temples located in various parts of the city, like temples of the god Shamash and the goddess Gula. These were more intimately integrated into the urban fabric; they lacked enclosing precincts but simply nestled within areas of residential housing.

As in earlier periods, the residential areas were for the most part probably linked by narrow, rambling, and sometimes dead-end streets. And, as also in the past, the houses themselves were closed off by walls from the outside world, their rooms built around a central courtyard which provided an important source of light and ventilation. The most prosperous of them sometimes had one or more additional courtyards, and very occasionally a second storey.

The 'Hanging Gardens of Babylon'

Of course, we cannot leave Nebuchadnezzar's Babylon without saying something of one of the most famous and most controversial monuments associated with it in later tradition—the so-called Hanging Gardens.

The story is a romantic one. It is told by the third-century BC Babylonian priest Berossos, who wrote (in Greek) an account of Babylonian history and traditions. Unfortunately, only fragments of his work survive. This particular story is preserved from his writings by Josephus. It relates that Nebuchadnezzar's wife, the Median princess Amyitis, pined for the lush mountain scenery of her native homeland (which contrasted strikingly with the flat, featureless landscape of Babylonia). So the king attempted to recreate for her as best he could something of her homeland environment, by setting up high stone terraces planted with all kinds of trees. In this way, he hoped, she would be forever reminded of the thickly wooded mountains of the land of her birth, and thus feel more at home in her new environment. The gardens were a labour of love for a homesick foreign bride.

The palace where Berossos alleges they were built can readily be identified with Nebuchadnezzar's Northern Palace. Yet neither here nor in the adjacent Southern Palace nor anywhere else in Babylon have any remains been found that can be proven to be those of the Hanging Gardens. Indeed, though they have long been established as one of the canonical seven wonders of the world, they alone of these wonders have yet to demonstrate that they ever existed. Robert Koldewey's belief that he had found them turned out to be baseless, and various other proposals for a location in Babylon have all been rejected. To this we must add the fact that not a single cuneiform text, belonging to Nebuchadnezzar's era or later, refers to them. Significantly, the Greek historian Herodotus, who waxes eloquent about the wonders of Babylon, has not a word to say about anything that might represent them.

We should also note that almost none of the Classical sources that refer to the Hanging Gardens assign them to Nebuchadnezzar. In one tradition, construction of them is attributed to the legendary queen Semiramis of Greek tradition, whose historical prototype was a ninth-century queen of Assyria. But Semiramis has been credited with many great monuments in Near Eastern history, especially at sites on the Euphrates and in Iran. Diodorus Siculus states that the Gardens were built not by Semiramis but by a later Syrian (probably he means 'Assyrian') king, at the request of one of his concubines, who was of Persian origin and longed for something to remind her of the mountain meadows of her homeland. Thus he created a planted garden built on ascending terraces, the weight of which was supported by a series of galleries or vaults.

Though Diodorus's account has some features in common with that of Berossos, the overall inconsistencies in our Classical sources inevitably raise doubts about whether there is any historical basis to the Hanging Gardens tradition, let alone whether the tradition can be assigned to Nebuchadnezzar's Babylon. So should we dismiss the whole notion of them as mere fantasy? Were they no more than some sort of romanticized concept of an exotic Near Eastern horticultural showpiece? That has indeed been suggested in numerous debates about the tradition.

But the view that the tradition is based on historical fact continues to resurface. Most recently, Stephanie Dalley has presented a detailed defence of it. She maintains that the Gardens did exist, but not in Babylon. Noting that on a number of occasions our Classical sources appear to confuse Babylon with the Assyrian royal capital Nineveh (and also that cities other than Babylon proper could be called 'Babylon'), Dalley has argued that the Hanging Gardens belonged to Nineveh.

Part of the support she adduces for this is a seventh-century Assyrian inscription which describes a building in Nineveh corresponding in significant respects with descriptions of the Hanging Gardens in the later Classical sources. She also draws attention to a relief sculpture, unearthed during excavations in Nineveh in 1854, depicting rows of trees planted on a series of terraces rising one above the other. This 'garden', Dalley concludes, was built by the Assyrian king Sennacherib in the century before Nebuchadnezzar became king in Babylon, and was deliberately intended by its builder to become one of the Wonders of the World.

That leaves the question of how the 'Hanging Gardens' were irrigated. Dalley believes that this was made possible when Sennacherib adopted a new method of casting bronze and used it for the production of a giant screw which could raise water in a non-stop operation from river level, and in considerable volume, to all the levels on which the garden was laid out.

In the absence of hard evidence, the 'Ninevite proposal' remains a highly speculative one. Doubts have been expressed by a number of scholars about whether the Assyrians had the technology for building a screw on the gigantic scale required for the task of providing adequate irrigation for the suspended forest. Most importantly, evidence has yet to be found in Nineveh of remains that could possibly be identified as Sennacherib's Hanging Gardens. One wonders whether there will ever be an opportunity for exploring that possibility further.

Chapter 9
Babylonia in later ages: (6th century BC to 2nd century AD)

Babylonia under Persian rule

Isaiah's prophecy about the fate of Babylon could not have been more grim: 'Babylon, the jewel of kingdoms, the glory of the Babylonians' pride, will be overthrown by God like Sodom and Gomorrah. She will never be inhabited or lived in through all generations, no Arab will pitch his tent there, no shepherd will rest his flocks there. But desert creatures will lie there, jackals will fill her houses; there the owls will dwell, and there the wild goats will leap about. Hyenas will howl in her strongholds, jackals in her luxurious palaces. Her time is at hand, and her days will not be prolonged' (Isaiah 13: 19–22). In biblical tradition, this was the apocalyptic finale of the story of Babylon—whose imminent end is announced in the writing on the wall of Belshazzar's banqueting hall, its enigmatic message foretelling Belshazzar's death and the 'Median' (i.e. Persian) seizure of his kingdom that very night.

Yet these biblical reports of Babylon's demise were greatly exaggerated. After Cyrus had invaded Babylonia in the autumn of 539, and swiftly routed Nabonidus's forces in a battle near the city of Opis, all Babylonian resistance effectively came to an end. The culminating point for Cyrus was his triumphal entry into Babylon itself, allegedly with much rejoicing. This we learn from a famous Babylonian inscription, which informs us that all the inhabitants

13. The Cyrus Cylinder.

of Babylon, and indeed the whole land of Babylonia, including kings and princes, bowed before the Persian as he came into their midst and kissed his feet, praising his name, and joyously welcoming him as their new lord. Written on a clay cylinder, commonly referred to as the Cyrus Cylinder, the inscription which provides this information was discovered in Babylon in 1879 and is now in the British Museum (Figure 13). Though its author is unknown, the text is very likely a Persian-inspired one, with an almost biblical messianic flavour. Nabonidus is singled out for particular vitriolic abuse in this and other compositions by local supporters of Cyrus.

Cyrus may not have been as enthusiastically received in the Babylonian capital—nor Nabonidus anywhere near as unpopular—as these texts make out, and the city had been carefully secured by Cyrus's troops before he ventured into it, even if no actual military action took place (which we cannot be completely sure about). Still, he may quickly have won over many of his new subjects, especially since on his entry into Babylon he gave strict orders that no harm was to be done to the city—no looting, no destruction of its buildings, no slaughter of its citizens. Indeed, he made clear from the outset that Babylon's and Babylonia's time-honoured traditions, cults, gods, and religious customs were to be honoured, preserved, and maintained.

As a signal example of his intentions, he ordered that all the statues removed by Nabonidus from their home cities and brought to Babylon for safekeeping, as the Persian invasion became imminent, were to be returned to their original sanctuaries. To Babylonia's chief god Marduk he proclaimed his particular devotion, and indeed represented himself as the agent chosen by Marduk to rule the world and reinstate the Babylonian traditions neglected or discarded by Nabonidus. To emphasize further that he was restoring to the Babylonians their old traditions, he sought to remove every trace of Nabonidus's reign, with orders that his name was to be erased from all monuments in the land.

And as yet another gesture of his respect for Babylonian traditions and his intention to maintain them, he appointed his son and designated successor Cambyses as his representative in the annual Babylonian New Year festival, never celebrated during Nabonidus's absence in Arabia. Cyrus himself adopted many of the titles and roles of traditional Babylonian kingship. His first capital, Susa, now surpassed Babylon as the Near Eastern world's centre of power. But Babylon retained its status as a royal capital, and the chief administrative centre of Mesopotamia, its bureaucratic system left largely undisturbed, though now under the authority of a Persian-appointed governor.

Cyrus is also treated very positively in the Old Testament, as the 'anointed of god' (Isaiah 45: 1) who released the Jews from their decades of bondage in Babylonia and allowed them to go home, to rebuild their devastated land and their temple in Jerusalem. Many Jews did in fact return to their homeland. But there were also many who decided to stay put. Indeed, for the younger generations, Babylonia *was* their homeland, one in which persons of enterprise, irrespective of their origins, could make a good living, in a range of commercial, cultural, and intellectual activities. Long after Cyrus's liberation of the Jews, a significantly large Jewish population continued to live in Babylonia, to enjoy the benefits that life there had to offer.

Under Cyrus's successor, Cambyses, Babylonia seems to have remained, overall, a stable, prosperous, and peaceful subject of the Persian empire. But there were dissenting elements. Following Cambyses' death, a couple of Babylonians claiming to be descendants of Nabonidus (each called himself Nebuchadnezzar) seized Babylon's throne with the backing of rebel Babylonian forces. Their ambitions were terminated by Cambyses' first effective successor, Darius I, who defeated their armies, took them prisoner, and executed them. Life in Babylonia resumed its apparently peaceful course. The new king maintained close personal links with Babylon by spending many of his winters there. And he made clear the importance and significance he attached to the city when he appointed his son and successor Xerxes as his representative in it, building a new palace to serve as his son's royal residence. This helped pave the way for a smooth transition to Xerxes' overlordship of Babylonia following his father's death in 486.

But unrest against Persian rule among at least some elements of the population continued to smoulder, and was perhaps further stoked up by increasingly heavy taxes imposed by Xerxes on his subjects to help fund his military ventures. (Indeed, Babylonia became one of the most highly taxed of all Persia's subject-states.) From this unrest, there emerged two local 'kings' who sought to seize the throne and win back Babylonian independence. They did so with the support of the Babylonian people, who murdered their Persian governor. But they had no more success than the ill-fated pair of 'Nebuchadnezzars' who had risen up against Xerxes' father. Once more, the uprising was crushed, the Babylonian capital taken, and Persian sovereignty reimposed over the land. Xerxes may have taken further retaliatory action against the capital, including the pillaging of Marduk's temple.

Indeed, some scholars have assumed that a lengthy siege and sack of the city which Herodotus (3.152–8) reports and attributes to Darius should be assigned to Xerxes. But the historical validity of the episode is highly questionable. And there is no indication in Herodotus' description of mid-fifth-century Babylon that the city had recently been sacked and plundered. On the contrary, it still clearly inspired feelings of awe and wonder in those who visited it, though it was now well past its heyday. It may indeed have benefited at this time from new building programmes, carried out on the orders of Xerxes' son and successor Artaxerxes I, who succeeded to the throne after his father's assassination in 465.

By and large, Babylonia remained a prosperous land under Persian rule, with a number of its cities continuing to be bustling centres of trade and commerce, and maintaining their reputation as major centres of learning. These features helped attract a stream of new settlers from many other lands. From both native and Classical sources, we learn of the great variety of nationalities represented in the capital and other Babylonian cities. Included among the crowds who thronged their thoroughfares were peoples from India, Afghanistan, and Iran in the east, Arabs and Egyptians from the south and south-west, Armenians from the north, and Syrians, Greeks, Carians, Lydians, and Phrygians from the north-west. A veritable babel of languages filled the streets of its cities. Babylonia may have been of only marginal political importance in the era of the Persian empire. But in terms of its cosmopolitanism and multiculturalism, it was now, perhaps more than ever before, one of the great international meeting-places of the Near Eastern world.

Alexander the Great and Babylon

Despite further periods of unrest in the reigns of Artaxerxes' successors, Babylonia remained under Persian control until the year 330. It was in this year that the final remnants of the Persian empire fell to Alexander the Great. Already the year before, Alexander and the Persian king Darius III had fought a decisive battle near the village of Gaugamela in northern Mesopotamia. Alexander won a resounding victory, and though Darius managed to escape the battlefield, he was later assassinated by one of his own generals. In this same year, Alexander swiftly imposed his rule upon Babylonia and entered its capital in triumph. In what seemed to be a case of history repeating itself, we are told that Babylon's new ruler was warmly welcomed by its populace, just as Cyrus, the founder of the empire now destroyed by Alexander, had allegedly been two centuries earlier.

Like Cyrus too, Alexander sought to win over his new subjects by showing respect and reverence for their time-honoured traditions, and in a more material way by undertaking to repair the city's great buildings, especially its religious ones. Work was begun on restoring the sacred precincts of Etemenanki and Esangila. And the great ziggurat was demolished (contemporary cuneiform tablets mention the work of removing the earth of the structure) in preparation for rebuilding it (though this never happened). Under Alexander, Babylon would achieve the heights of its former glory, for it was to become the capital of Alexander's newly acquired empire, embracing both the eastern and the western worlds. This was Alexander the Great's vision, so our sources inform us.

After spending a few months in Babylon, Alexander embarked on his campaigns further to the east, into the heartland of the Persian empire, and to Bactria (in Afghanistan) and India beyond. Eight years later, he returned to Babylon. This was in the spring of 323. Work now proceeded apace on the restoration of the holy precinct of Esangila. But Alexander did not intend his second visit to Babylon to be a long one, for while he was there, he made plans for an expedition to Arabia. As it turned out, he never left the city. Shortly before his departure on his new venture, he fell ill with a fever, to which he succumbed twelve days later. On 13 June 323, he died in his proposed new capital. He was only thirty-two years old. That put paid to the young man's ambitious plans for making Babylon once more a great royal capital.

Babylonia in the Seleucid and Roman periods

The years following Alexander's death were plagued with squabbles and military conflicts among his chief military officers, the so-called Diadochoi or 'heirs', over the carve-up of his recently won and still very fragile empire. At a conference held in Syria in 320, where the heirs sought to reach agreement by allocating various parts of the empire to themselves, one of Alexander's steadfast comrades-in-arms, a man called Seleukos, acquired control of the province of Babylonia. It was an appointment that would play a key role in his future career and the careers of his dynastic successors. But for a while control of it was seized by another of Alexander's heirs, the fierce, battle-scarred warrior called Antigonos Monophthalmos (the 'One-Eyed'). Babylonia and its chief city now became embroiled in bitter contests between the competing forces of Antigonos and Seleukos.

The latter won out in the long run, firmly re-establishing his authority over Babylonia when Antigonos was killed in battle (in Anatolia) while fighting a coalition force led by Seleukos and a number of the other heirs. Seleukos now had a large swathe of Syria added to the territories already under his control. He became the founder of what is known as the Seleucid empire, which extended over vast areas of the Near Eastern world. And he set an example for those who succeeded him in the dynasty he established by building throughout his empire a number of new cities. Many of them he colonized with Greeks, but at the same time his policy was that traditional customs and beliefs were to be preserved and respected in the cities and regions where they were practised, indigenous peoples were to be granted citizenship alongside Greeks in both the new and the old foundations, and non-Greek communities were to be recipients of benefactions and patronage from their Seleucid rulers, their religious rites, beliefs, and sanctuaries protected and honoured.

But his reign meant the beginning of the end for Babylon as a major centre of the Near Eastern world. Unlike Alexander, who planned to make the city his capital, Seleukos built for himself a new capital, *c.*90 kilometres to the north, on the Tigris river. It was called Seleukeia-on-the-Tigris. To it were attracted lots of new settlers, including many from Babylonia and Babylon itself. Despite its founder's professed intention of preserving traditional customs and practices, the progress of Greek culture inevitably took its toll on the old ways of life in Babylonia and other regions. But Babylon continued to be an important religious centre of the region (first assured by Seleukos's son and successor Antiochos I, who ordered the rebuilding of its most sacred precinct, Esangila), and was to remain so until at least the first century BC.

It also continued to be an important cultural and intellectual centre in this period. As Joan Oates observes, there seems to have been a revival of interest in cuneiform literature at this time, and the study of astronomy and astrology flourished, perhaps with Antiochos's active support and encouragement. Several of the king's successors bestowed favours upon Babylon, including gifts of land to it and to other Babylonian cities like the cult-centres Cutha and Borsippa. Indeed under the eighth Seleucid ruler, Antiochos IV (175–164), Babylon seemed set for a new lease of life, perhaps as a new eastern capital of the Seleucid empire, it has been suggested—though much of the traditional character of the city was very likely obscured by the new Greek colony Antiochos established there.

But not long after, Babylonia came under the control of another power, one that had arisen in Iran, *c.*247 BC. This was the kingdom of Parthia. The westward expansionist ambitions of this kingdom brought it into conflict with both the Seleucid rulers and their Roman successors in the region. From the reign of their king Mithradates I (171–138 BC), Parthia's rulers were frequently at war with their Seleucid rivals over control of Mesopotamia. Inevitably Babylon became caught up in these wars, with rule over it fluctuating between Seleucid and Parthian kings. Under the latter, Babylon was not entirely neglected, and indeed there is evidence of some building activity within the city during periods of Parthian domination. Most significantly, the Esangila continued to function as the spiritual heart of the city. Along with the traditional elements of Babylonian religious life, so too some of the traditional elements of Babylonian intellectual life survived well into the first century AD. Examples of the cuneiform script have been found, dating to this late period, though the documents in this script are by this time confined to astronomical and mathematical texts. And by the end of the century, the cuneiform system of writing had completely died out.

We have mixed reports from our Classical sources about the material state of Babylon in this period. Diodorus Siculus gives the impression that in the late first century BC Babylon was already a largely abandoned, desolate place. Its walls were still impressive—indeed he ranked them among the seven wonders of the world—but the area within them had by then been given over largely to farming; the other major buildings of the city, including the Esangila, were now in ruins. Yet a century later, the Roman writer Pliny the Elder indicates that the Esangila was still functioning. Indeed, it may have continued to function as late as the third century AD, even if much else around it was in a ruined, abandoned state. This was the condition in which, we are told, the emperor Trajan already in AD 116 found the city on his return journey from his campaigns east of the Euphrates. He visited Babylon to pay homage to Alexander, and offered sacrifice to the dead man's memory in the very room, allegedly, where Alexander had died.

The Babylonian legacy

But in the centuries that followed, Babylon never completely faded from human memory. Indeed, written records indicate that it was partly reoccupied in the ninth and tenth centuries AD, when it served as a provincial capital, whose administrative quarter was known as Babel. The city's biblical associations prompted visits to it by a number of early Jewish and Christian travellers. Of these, the first known was a rabbi from northern Spain, called Benjamin of Tudela. Attracted by the stories of Babylon in Jewish tradition, and by the knowledge of Jewish communities who still lived there, Benjamin visited Babylon and other sites in Babylonia twice, between 1160 and 1173. He became the first European to have left us an account of Babylon's ruins. This included a description of the remains of Nebuchadnezzar's palace. He also described what he believed were the remains of the tower of Babel. But these he claimed were in another Babylonian city, Borsippa.

A handful of travellers followed in Benjamin's wake over the next three centuries. No doubt one of the main reasons for their journeys was to see at first hand the fulfilment of the biblical prophecies—for the once proud capital of the Babylonian world was now a vast, derelict place, inhabited by snakes, scorpions, and other wild and venomous creatures (so these early travellers tell us). During the High Renaissance, from the sixteenth century onwards, Mesopotamia received an ever-increasing number of visitors from the west as interest in the ancient world and the antiquities that came from it steadily grew. Babylon became one of the chief focuses of interest, both because of its biblical associations and the many references to it in the works of Greek and Roman writers.

Up till then, and indeed until the first half of the nineteenth century, our knowledge of Babylon was based on three sources—the ruins of the city as reported by a succession of visitors from the tenth century onwards, the numerous biblical descriptions and prophecies about the city, and the reports of it by Classical writers. Most influential among these was the hostile treatment of the city in biblical sources. Not surprisingly, these sources were responsible for the highly negative perceptions of Babylon in Judaeo-Christian tradition, and this profoundly affected the way

Babylon was presented in western art and literature, as illustrated most famously by Bruegel's Tower of Babel, Blake's Nebuchadnezzar, and Rembrandt's Belshazzar.

The overall picture was clearly a distorted, and highly blinkered one. But up until the mid-Victorian era, it could hardly have been otherwise. Till then, the ancient Babylonians were unable to speak for themselves. That changed with the decipherment of the cuneiform scripts and languages by the middle of the nineteenth century. For the first time, we had access to the written records of the Babylonians themselves. Hitherto, what we knew about them had been confined to what other peoples said about them, often from a narrow, biased perspective, and often some centuries after the events they were describing. The cuneiform texts, along with the first comprehensive excavations at Babylon in the late nineteenth century, helped balance this perspective, recording as they do the numerous social, intellectual, and cultural contributions the Babylonians made to contemporary and later civilizations.

The Laws of Hammurabi emphasize the importance attached by their author, and many of his successors, to ensuring that justice prevailed throughout the land, and that society's most vulnerable members were afforded protection by the law and legal redress against their offenders. In this, Hammurabi was maintaining a basic principle of justice already established by several earlier Mesopotamian kings in their social reform programmes. But his collection of laws provided a basis for later legal pronouncements as well, like the Hittite compendia of laws. We also find echoes of a number of its clauses in Old Testament law, such as the provisions made for levirate marriage and the penalties prescribed for a range of sexual and other offences. The 'eye for an eye, tooth for a tooth' principle is well embedded in both Hammurabic and Old Testament legal tradition.

Because of their enforced stay in Babylon for almost half a century, many of the Jews, especially the priests and scholars among them, became steeped in the customs, traditions, and institutions of their Babylonian hosts, and many of these were absorbed within their own culture. Thus the biblical flood story told in Genesis clearly owes much to the account of a great flood in Mesopotamian literature, as illustrated by the flood stories in the Babylonian Atrahasis and Gilgamesh epics. These epics, along with other Mesopotamian 'classics', were integrated into the cultural fabric of the Near Eastern world for centuries to come. There are, for example, fragmentary versions of the Gilgamesh epic found in a number of centres of Near Eastern civilization spread over many centuries. Such Babylonian masterpieces became a standard part of the repertoire of the training programmes of those who studied for a career in the scribal profession.

More generally, the Babylonian language became firmly established, from Hammurabi's time on, as the major international language of the Near Eastern world, and indeed it became the lingua franca of this world for centuries to come, through the late Bronze and Iron Ages, and down into the first millennium BC, until its eventual replacement by Aramaic. It is ultimately from Babylonia, probably via the medium of scribes brought back from Syria in early Hittite campaigns in the region, that the Hittites adopted the cuneiform script for writing their own language. In the process, they incorporated the epic of Gilgamesh into their scribes' curriculum of study.

And the Hittites may have played some part in the transmission of cultural traditions originating in Babylonia, and Mesopotamia in general, to the western world of Greece and Rome, though it is likely that northern Syria played a much greater role. The eighth-century Greek epic poet Homer almost certainly knew the Gilgamesh epic and was inspired by episodes and ideas from it in his composition of the *Iliad* and the *Odyssey*. Scholars have pointed to many parallels between the Babylonian and the Homeric poems in their themes, individual episodes, and in the customs they describe. We might also mention in passing that the second-century AD satirist Lucian actually claimed that Homer was a Babylonian in origin, though almost certainly he said so with his tongue planted firmly in his cheek.

Throughout Babylonian history, there were major advances in a number of scientific fields. The Babylonians were well known for their healing skills, as illustrated by Hittite royal requests for the services of Babylonian medical practitioners during the Kassite period. Mathematics, based on the sexagesimal system (i.e. counting in units of sixty—which we still use today to some extent, for example in our measurement of time) ranked high among the fields of expertise in the Babylonian world. Already in the Old Babylonian period, students in the scribal schools acquired skills in such fields as algebra, quadratic and cubic equations, and geometry.

Mathematical studies in Babylonia were complemented by studies in the closely related fields of astronomy and astrology. Particularly in the three centuries that followed the death of Alexander, the period we call the Hellenistic Age, these studies had a major impact on the development of Greek science. Diviners and soothsayers were valued in the Babylonian world for their skills in interpreting the divine will and advising on the future, through various means such as the examination of a sacrificed sheep's liver and the observation of celestial phenomena. Designated by the term 'Chaldaean', these practitioners of the divinatory arts were much esteemed in the Classical world, and were highly influential in the establishment of similar practices among the Greeks and the Romans. It is only since the decipherment of the cuneiform languages that the extent of the Classical world's debt to ancient Babylonia has become fully clear in these as in other branches of knowledge.

The study of the movements of celestial bodies was an important component of the methods used by practitioners of divination in predicting future events and interpreting the will of the gods. Yet the modern connotations of the term 'astrology', now associated with the hokum of fortune-tellers and 'your stars today' columns in newspapers and magazines, are far removed from the serious, scientific nature of this field of study in its Babylonian context. Astrology and astronomy were closely related in the Babylonian world. In fact the study of the latter could be said to have developed out of the former. For both involved detailed, systematic recording of celestial phenomena over a long period of time. Regular observations of the movements of the stars and planets, carried out for the purpose of predicting the future or interpreting the divine will, led to the realization that the movements of these celestial bodies, and phenomena such as eclipses, could be predicted, with the aid of mathematical calculations, and recognized as natural recurring phenomena rather than as random events caused by the whims of divine beings.

The study of astronomy in Babylonia goes back at least to the first half of the second millennium BC, when we learn that observations were recorded of the planet Venus's movements during the reign of Ammi-saduqa (*c.*1646–1626), the second-to-last member of Hammurabi's dynasty. The recording of celestial omens continued from this time onwards, if not also before, and was used as one of the main bases for developing a Babylonian calendrical system. In the mid-eighth century, during the reign of Nabonassar, accurate lists of eclipses were made, and by the end of the century both lunar and the much less frequent solar eclipses could be predicted with a fairly high degree of accuracy. By the middle of the first millennium, the study of astronomy was being established on a firm scientific basis. Even so, it remained closely linked with the art of prognostication, and those who practised astronomy for the purpose of interpreting the divine will maintained a place among the most distinguished scholars in Babylonian society.

The zodiac was invented late in the first millennium BC, and with that came the development of personal horoscopy, in which an individual's future was mapped out by an 'expert' in reading what the stars foretold for that person. But this seems not to have been a serious occupation of genuine practitioners of the astrological arts, though the casting of personal horoscopes apparently gained in fashion from the first century BC onwards.

With the fall of the Neo-Babylonian empire to Persia in 539, the reputation acquired by the practitioners of the arts of divination, including the interpretation of the will of the gods through the observation and interpretation of celestial phenomena, continued to be highly esteemed in the Classical world. The name 'Chaldaean' (used as a synonym for 'Babylonian') was regularly applied to such practitioners, as well as to Babylonian soothsayers and diviners in general. (Alternatively, persons who actually *were* of Chaldaean origin were especially renowned in these professions.) The Hellenistic period in particular, when the Seleucid dynasty held sway over Babylonia as well as other parts of the Near Eastern world, saw the study of astronomy reach its peak as a sophisticated, mathematically based science. To this period belongs the greatest of the Babylonian astronomers, Kidinnu, who practised his profession in the second half of the fourth century BC. Already by then, and increasingly so thereafter, Babylonian and Greek astronomers began to work in partnership. More generally, as Joan Oates comments: 'Astrology as well as maths and astronomy was much developed and later expanded in the Classical world, and Hellenistic science—later transmitted through Arab sources—was to dominate the ancient world and western Europe till the time of Newton. But its roots lay in Babylonia, and the Babylonian astronomy of Seleucid times, with over a millennium of remarkable mathematical development behind it, was without question a major force in the development of true science in the ancient world.'

Yet the image of Babylon as the archetypal city of decadence, profligacy, and unrestrained vice is the one that remains paramount in modern perceptions. Thanks to the influence of the

Judaeo-Christian view of Babylon, strongly reinforced by the lurid depictions of the city and its rulers in western art, this image continues to dominate all others, despite all that modern Mesopotamian scholars have done to provide a more balanced view of this, the centre of one of the world's greatest civilizations.

Chronology of major events, periods, and rulers

(All dates prior to the Neo-Babylonian period are approximate. Both higher and lower sets of dates have been proposed by various scholars for the Bronze and Iron Ages.)

Early Bronze Age

2900–2334	The Early Dynastic period
2334–2193	The Akadian Empire
2112–2004	The Ur III Empire

Middle and Late Bronze Ages

2000–1735	Old Assyrian period
1880–1595	Old Babylonian period
1792–1750	Reign of Hammurabi
early C17–early C12	Hittite Kingdom
1595	Hittite destruction of Babylon
–1570–1155	Kassite dynasty

Iron Age

1154–1027	Second dynasty of Isin
1026–1006	Second Sealand dynasty
1005–986	Bazi dynasty
979–732	'Dynasty of E'
911–610	Neo-Assyrian empire

Neo-Babylonian period (reigns dated from first full regnal year)

626–539	Neo-Babylonian empire
625–605	Reign of Nabopolassar
604–562	Reign of Nebuchadnezzar
587 or 586	Destruction of Jerusalem
555–539	Reign of Nabonidus

Persian period

559–330	Persian empire
559–530	Reign of Cyrus II
539	Cyrus captures Babylon
330	Babylonia falls to Alexander

Hellenistic and Roman periods

323	Alexander dies in Babylon
305–64	Seleucid empire
247 BC–AD 224	Parthian empire
late C1 BC–AD C2/3	Babylonia and Rome

Kinglists (main Babylonian periods; reigns dated from first full regnal year)

Old Babylonian kings (approximate dates)

(Sumu-abum)	1894–1881
Sumu-la-El	1880–1845
Sabium	1844–1831
Apil-Sin	1830–1813
Sin-muballit	1812–1793
Hammurabi	1792–1750
Samsu-iluna	1749–1712
Abi-eshuh	1711–1684
Ammi-ditana	1683–1647
Ammi-saduqa	1646–1626
Samsu-ditana	1625–1595

Kassite kings (approximate dates)

Agum II	–1570–
Burnaburiash I	–1530–
Kashtiliash III	late C16
Ulamburiash	–1500–
three kings	early–late C15
Kurigalzu I	late C15–1374
Kadashman-Enlil I	1374–1360
Burnaburiash II	1359–1333
Kara-hardash	1333
Nazi-Bugash	1333
Kurigalzu II	1332–1308
Nazi-Maruttash	1307–1282

Kadashman-Turgu	1281–1264
Kadashman-Enlil II	1263–1255
Kudur-Enlil	1254–1246
Shagarakti-Shuriash	1245–1233
Kashtiliash IV	1232–1225
Enlil-nadin-shumi	1224
Kadashman-Harbe II	1223
Adad-shuma-iddina	1222–1217
Adad-shuma-usur	1216–1187
Meli-shipak	1186–1172
Marduk-apla-iddina	1171–1159
Zababa-shuma-iddina	1158
Enlil-nadin-ahi	1157–1155

Neo-Babylonian Kings

Nabopolassar	625–605
Nebuchadnezzar	604–562
Amel-Marduk	561–560
Neriglissar	559–556
Labashi-Marduk	556
Nabonidus	555–539

References

(Asterisks indicate publications of ancient sources in translation.)

General works on the Ancient Near East

*Bible. The New International Version is used here.

Bryce, T. R. (2009/12), *The Routledge Handbook of the Peoples and Places of Ancient Western Asia: From the Early Bronze Age to the Fall of the Persian Empire*, Abingdon: Routledge.

Bryce. T. R. and Birkett-Rees, J. (2016), *Atlas of the Ancient Near East*, Abingdon: Routledge.

*Chavalas, M. W. (ed.) (2006), *The Ancient Near East: Historical Sources in Translation*, Oxford: Blackwell.

*Hallo, W. W. and Younger, K. L. (2003), *The Context of Scripture* (3 vols.), Leiden and Boston: Brill.

Kuhrt, A. (1995), *The Ancient Near East, c. 3000–330 BC* (2 vols.), London: Routledge.

Mieroop, M. Van De (2016), *A History of the Ancient Near East*, Oxford: Wiley-Blackwell, 3rd edn.

Podany, A. H. (2013), *The Ancient Near East: A Very Short Introduction*, Oxford and New York: Oxford University Press.

Potts, D. (2012), *A Companion to the Archaeology of the Ancient Near East* (2 vols.), Oxford: Wiley-Blackwell.

*Pritchard, J. B. (ed.) (1969), *Ancient Near Eastern Texts relating to the Old Testament*, Princeton: Princeton University Press, 3rd edn.

Radner, K. and Robson, E. (eds) (2011), *The Oxford Handbook of Cuneiform Culture*, Oxford: Oxford University Press.

Roaf, M. (1996), *Cultural Atlas of Mesopotamia and the Ancient Near East*, Abingdon: Andromeda.
Sasson, J. M. (ed.) (1995a), *Civilizations of the Ancient Near East* (4 vols.), New York: Charles Scribner's Sons.

General works on Babylonia

Arnold, B. T. (2004), *Who Were the Babylonians?*, Atlanta: Society of Biblical Literature.
Galter, H. D. (2007), 'Looking Down the Tigris', in G. Leick (ed.), 527–40.
Gill, A. (2011), *The Rise and Fall of Babylon*, London: Quercus.
*Glassner, J.-J. (2004), *Mesopotamian Chronicles*, Atlanta: Society of Biblical Literature.
Leick, G. (2003), *The Babylonians*, London and New York: Routledge.
Leick, G. (ed.) (2007), *The Babylonian World*, London and New York: Routledge.
Oates, J. (1986), *Babylon*, London: Thames and Hudson, rev. edn.
Saggs, H. W. F. (2000), *Babylonians*, Berkeley and Los Angeles: University of California Press.
Sallaberger, W. (2007), 'The Palace and the Temple in Babylonia', in G. Leick (ed.), 265–75.
Steele, L. D. (2007), 'Women and Gender in Babylonia', in G. Leick (ed.), 299–316.

Chapter 1: The Old Babylonian period

Arnold, B. T. (2004), *Who Were the Babylonians?*, Atlanta: Society of Biblical Literature, 35–60.
Charpin, D. (2012), *Hammurabi of Babylon*, London and New York: I.B.Tauris.
Charpin, D. (2015), *Gods, Kings, and Merchants in Old Babylonian Mesopotamia*, Leuven: Peeters.
Heinz, M. (2012), 'The Ur III, Old Babylonian, and Kassite Empires', in D. Potts (ed.), 713–16 (whole chapter, 706–21).
Kuhrt, A. (1995), *The Ancient Near East, c. 3000–330 BC*, London: Routledge, 108–17.
Mieroop, M. Van De (2005), *King Hammurabi of Babylon*, Oxford: Blackwell.
Sasson, J. M. (1995b), 'King Hammurabi of Babylon', in J. M. Sasson (ed.) (1995a), 901–15.

*Sasson, J. M. (2015), *From the Mari Archives: An Anthology of Old Babylonian Letters*, Winona Lake: Eisenbrauns.

Chapter 2: Babylonian society through the perspective of Hammurabi's Laws

Epigraph from the Epilogue of the Laws of Hammurabi, inspired by the translation of Martha Roth, 1997: 133–4.

*Charpin, D. (2000), 'Lettres et procès paléo-babyloniens', in F. Joannès (ed.), *Rendre la justice en Mésopotamie*, Paris: Presses Universitaires de Vincennes, 69–111.

Dassow, E. Von (2011), 'Freedom in Ancient Near Eastern Societies', in K. Radner and E. Robson (eds), 205–24.

Koppen, F. van (2007), 'Aspects of Society and Economy in the Later Old Babylonian Period', in G. Leick (ed.), 210–23.

Mieroop, M. Van De (2016), *A History of the Ancient Near East*, Oxford: Wiley-Blackwell, 3rd edn, 118–27.

*Roth, M. T. (1997), *Law Collections from the Ancient World*, Atlanta: Society of Biblical Literature, 71–142.

*Roth, M. T. (2003), 'The Laws of Hammurabi', in W. W. Hallo and K. L. Younger Jr (eds), *The Context of Scripture*, vol. II, 335–53.

Chapter 3: Old Babylonian cities

Baker, H. D. (2011), 'From Street Altar to Palace: Reading the Built Urban Environment', in K. Radner and E. Robson (eds), 533–52.

Crawford, H. (2007), 'Architecture in the Old Babylonian Period', in G. Leick (ed.), 81–94.

Goddeeris, A. (2007), 'The Old Babylonian Economy', in G. Leick (ed.), 198–209.

Reynolds, F. (2007), 'Food and Drink in Babylonia', in G. Leick (ed.), 171–84.

Chapter 4: The Kassites

Bryce, T. R. (2007), 'A View from Hattusa', in G. Leick (ed.), 503–14.

Heinz, M. (2012), 'The Ur III, Old Babylonian, and Kassite Empires', in D. Potts (ed.), 716–20 (whole chapter, 706–21).

Kuhrt, A. (1995), *The Ancient Near East, c. 3000–330 BC*, London: Routledge, 332–48.

Mieroop, M. Van De (2016), *A History of the Ancient Near East*, Oxford: Wiley-Blackwell, 3rd edn, 183–90.

*Moran, W. L. (1992), *The Amarna Letters*, Baltimore and London: Johns Hopkins Press, 1–36.

Sommerfeld, W. (1995), 'The Kassites of Ancient Mesopotamia', in J. M. Sasson (ed.) (1995a), 917–30.

Vermaak, P. S. (2007), 'Relations between Babylonia and the Levant during the Kassite period', in G. Leick (ed.), 515–26.

Warburton, D. A. (2007), 'Egypt and Mesopotamia', in G. Leick (ed.), 487–502.

Chapter 5: Writing, scribes, and literature

*Dalley, S. (2008), *Myths from Mesopotamia: Creation, the Flood, Gilgamesh and others*, Oxford: Oxford University Press, rev. edn.

*Foster, B. R. (2005), *Before the Muses: An Anthology of Akkadian Literature*, Bethesda: CDL Press, 3rd edn.

*George, A. R. (1999), *The Epic of Gilgamesh: A New Translation*, London: Penguin.

*George, A. R. (2003), *The Babylonian Gilgamesh Epic: Introduction, Critical Edition and Cuneiform Texts*, Oxford: Oxford University Press.

Koch, U. S. (2011), 'Sheep and Sky: Systems of Divinatory Interpretation', in K. Radner and E. Robson (eds), 447–69.

Koppen, F. van (2011), 'The Scribe of the Flood Story and his Circle', in K. Radner and E. Robson (eds), 140–66.

Maul, S. M. (2007), 'Divination Culture and the Handling of the Future', in G. Leick (ed.), 361–72.

Moran, W. L. (1995), 'The Gilgamesh Epic: A Masterpiece from Ancient Mesopotamia', in J. M. Sasson (ed.) (1995a), 2327–36.

Rochberg, F. (2011), 'Observing and Describing the World through Divination and Astronomy', in K. Radner and E. Robson (eds), 618–36.

*Sandars, N. (1971), *Poems of Heaven and Hell from Ancient Mesopotamia*, London: Penguin.

Veldhuis, N. (2011), 'Levels of Literacy', in K. Radner and E. Robson (eds), 68–89.

Wasserman, N. (2003), *Style and Form in Old-Babylonian Literary Texts*, Cuneiform Monographs 27, Leiden: Brill.

Chapter 6: The long interlude

Arnold, B. T. (2004), *Who Were the Babylonians?*, Atlanta: Society of Biblical Literature, 75–85.

Brinkman, J. A. (1982), 'Babylonia c. 1000–748 B.C.', *Cambridge Ancient History* III.1, 282–313.
Brinkman, J. A. (1991), 'Babylonia in the Shadow of Assyria (747–626 B.C.)', *Cambridge Ancient History* III.2, 1–70.
Frame, G. (1992), *Babylonia 689–627 B. C.: A Political History*, Leiden: NINO.
*Frame, G. (1995), *Rulers of Babylonia: From the Second Dynasty of Isin to the End of Assyrian Domination (1157–612 BC)*, Toronto, Buffalo, and London: University of Toronto.
*Glassner, J.-J. (2004), *Mesopotamian Chronicles*, Atlanta: Society of Biblical Literature, 193–211.
Jursa, M. (2007), 'The Babylonian Economy in the First Millennium BC', in G. Leick (ed.), 224–35.
Jursa, M. (2010), *Aspects of the Economic History of Babylonia in the First Millennium BC: Economic Geography, Economic Mentalities, Agriculture, the Use of Money and the Problem of Economic Growth*, Münster: Ugarit Verlag.
Kuhrt, A. (1995), *The Ancient Near East, c. 3000–330 BC*, London: Routledge, 573–89.
Oates, J. (1986), *Babylon*, London: Thames and Hudson, rev. edn, 104–14.

Chapter 7: The Neo-Babylonian empire

Arnold, B. T. (2004), *Who Were the Babylonians?*, Atlanta: Society of Biblical Literature, 87–105.
*Arnold, B. T. and Michalowski, P. (2006), 'Achaemenid Period Historical Texts concerning Mesopotamia', in M. W. Chavalas (ed.), 407–26.
Baker, H. D. (2007), 'Urban Form in the First Millennium B.C.', in G. Leick (2007), 66–77.
Baker, H. D. (2012), 'The Neo-Babylonian Empire', in D. Potts (ed.), 914–30.
Beaulieu, P.-A. (1989), *The Reign of Nabonidus, King of Babylon 556–539 B.C.*, Yale Near Eastern Researches 10. New Haven: Yale University Press.
Beaulieu, P.-A. (1995), 'King Nabonidus and the Neo-Babylonian Empire', in J. M. Sasson (ed.) (1995a), 969–79.
Beaulieu, P.-A. (2007), 'Nabonidus the Mad King', in M. Heinz and M. H. Feldman (eds), *Representations of Political Power: Case Histories from Times of Change and Dissolving Order in the Ancient Near East*, Winona Lake: Eisenbrauns, 137–66.
*Glassner, J.-J. (2004), *Mesopotamian Chronicles*, Atlanta: Society of Biblical Literature, 214–39.

Jursa, M. (2005), *Neo-Babylonian Legal and Administrative Documents: Typology, Contents and Archives*, Guides to the Mesopotamian Textual Record 1, Münster: Ugarit-Verlag.
Jursa, M. (2007), 'Die Söhne Kudurrus und die Herkunft der neubabylonischen Dynastie', *Revue d'assyrologie et d'archéologie orientale* 101: 125–36.
Jursa, M. (2010), *Aspects of the Economic History of Babylonia in the First Millennium BC: Economic Geography, Economic Mentalities, Agriculture, the Use of Money and the Problem of Economic Growth*, Münster: Ugarit Verlag.
Jursa, M. (2014), 'The Neo-Babylonian Empire', in M. Gehler and R. Rollinger (eds), *Imperien und Reiche in der Weltgeschichte-Epochübergreifenden und globalhistorische Vergleiche*, Wiesbaden: Harrassowitz, 121–48.
Mieroop, M. Van De (2009), 'The Empires of Assyria and Babylonia', in T. Harrison (ed.), *The Great Empires of the Ancient World*, London: Thames & Hudson, 70–97.
Mieroop, M. Van De (2016), *A History of the Ancient Near East*, Oxford: Wiley-Blackwell, 3rd edn, 294–307.
*Pearce, L. E. and Wunsch, C. (2014), *Documents of Judean Exiles and West Semites in Babylonia in the Collection of David Sofer*, Cornell University Studies in Assyriology and Sumerology 28, Bethesda, MD: CDL Press.
Roaf, M. (1996), *Cultural Atlas of Mesopotamia and the Ancient Near East*, Abingdon: Andromeda, 198–202.
*Roth, M. T. (1997), *Law Collections from the Ancient World*, Atlanta: Scholars Press, 143–9.
*Studevent-Hickman, B., Melville, S. C., and Noegel, S. (2006), 'Neo-Babylonian Period Texts from Babylonia and Syro-Palestine', in M. W. Chavalas (ed.), 382–406.
Waerzeggers, C. (2011), 'The Pious King: Royal Patronage of Temples', in K. Radner and E. Robson (eds), 725–51.
Wiseman, D. J. (1991), 'Babylonia 605–539 B.C.', *Cambridge Ancient History* III.2, 229–51.

Chapter 8: Nebuchadnezzar's Babylon

Baker, H. D. (2011), 'From Street Altar to Palace: Reading the Built Urban Environment', in K. Radner and E. Robson (eds), 533–52.
Dalley, S. (2013), *The Mystery of the Hanging Gardens of Babylon*, Oxford: Oxford University Press.

Finkel, I. L. and Seymour, M. J. (eds) (2008), *Babylon: Myth and Reality*, London: British Museum Press.
Mieroop, M. Van De (2003), 'Reading Babylon', *American Journal of Archaeology* 107: 257–75.

Chapter 9: Babylonia in later ages

Aaboe, A. (1980), 'Observation and Theory in Babylonian Astronomy', *Centaurus* 24: 14–35.
Aaboe, A. (1991), 'Babylonian Mathematics, Astrology, and Astronomy', *Cambridge Ancient History*, III.2, 276–92.
Boiy, T. (2004), *Late Achaemenid and Hellenistic Babylon*, Orientalia Lovaniensia Analecta 136, Leuven: Peeters.
Breucker, G. de (2011), 'Berossos between Transition and Innovation', in K. Radner and E. Robson (eds), 637–57.
Brown, D. (2008), 'Increasingly Redundant: The Growing Obsolescence of the Cuneiform Script in Babylonia from 539 BC,' in J. Baines, J. Bennett, and S. Houston (eds), *The Disappearance of Writing Systems: Perspectives in Literacy and Communication*, London: Equinox: 73–102.
Chambon, G. (2011), 'Numeracy and Metrology', in K. Radner and E. Robson (eds), 51–67.
Clancier, P. (2011), 'Cuneiform Culture's Last Guardians: The Old Urban Notability of Hellenistic Uruk', in K. Radner and E. Robson (eds), 753–73.
*Glassner, J.-J. (2004), *Mesopotamian Chronicles*, Atlanta: Society of Biblical Literature, 240–58.
Kuhrt, A. (2007), 'The Persian Empire', in G. Leick (ed.), 562–76.
Robson, E. (2007), 'Mathematics, Metrology, and Professional Numeracy', in G. Leick (ed.), 418–31.
Rochberg, F. (2011), 'Observing and Describing the World through Divination and Astronomy', in K. Radner and E. Robson (eds), 618–36.
Spek, R. J. van de (1985), 'The Babylonian Temple during the Macedonian and Parthian domination, *Bibliotheca Orientalis* 42: 541–62.
Spek, R. J. van de (2006), 'The Size and Significance of the Babylonian Temples under the Successors', in P. Briant and F. Joannès (eds), *La transition entre l'empire achéménide et les royaumes hellenistiques*, Paris: De Boccard, 261–307.
Waerzeggers, C. (2003/4), 'The Babylonian Revolts against Xerxes and the "End Archives"', *Archiv für Orientforschung* 50: 150–78.

Further reading

For full details of the following publications see the References section under the relevant chapter headings.

Comprehensive works on the ancient Near East, which provide a broad context for the study of Babylonia, include Kuhrt (1995), *The Ancient Near East, c. 3000–330 BC*, Van De Mieroop (2016), *A History of the Ancient Near East* (up to date, and more accessible for general readers), Podany (2013), *The Ancient Near East: A Very Short Introduction* (concise and selective in its treatment, but including brief chapters on the main periods of Babylonian history), and Sasson (1995a), *Civilizations of the Ancient Near East* (4-volume encyclopaedic work with contributions by many scholars). Bryce (2009/12), *The Routledge Handbook of the Peoples and Places of Ancient Western Asia*, provides an encyclopaedia-type coverage of Near Eastern peoples, cities, and kingdoms. Chavalas (2006), *The Ancient Near East*, provides translations, with introductory notes, of a wide range of written records of the ancient Near East.

General works on Babylon and Babylonia include Arnold (2004), *Who Were the Babylonians?* (catering both for students and general readers), Gill (2011), *The Rise and Fall of Babylon* (copiously illustrated, written for a very general audience, and briefly covering other contemporary Near Eastern civilizations as well), Leick (2003), *The Babylonians* (a concise account of Babylonian history and civilization), Leick (2007), *The Babylonian World* (chapters by individual scholars on numerous aspects of Babylonian history and civilization), Oates (1986), *Babylon* (inevitably dated but highly readable, with coverage of Babylonian history down to the Hellenistic period), and Saggs (2000), *Babylonians* (with some updating of earlier editions).

There are a number of scholarly chapters relevant to Babylonian society and culture in Radner and Robson (2011), *The Oxford Handbook of Cuneiform Culture*. On the two institutions which dominated Babylonian life, the palace and the temple, see Sallaberger (2007),'The Palace and the Temple in Babylonia'. On the roles, activities, and status of women in Babylonian society, see Steele (2007), 'Women and Gender in Babylonia', and for an account of what the Babylonians ate and drank, Reynolds (2007), 'Food and Drink in Babylonia'. Galter (2007), 'Looking Down the Tigris', discusses political, military, and cultural relations between Babylonia and Assyria to the end of the Neo-Assyrian empire (late seventh century BC).

Accounts of the first major period of Babylonian history, the Old Babylonian Kingdom (Chapters 1–3), naturally focus on the kingdom's defining figure, Hammurabi. These accounts include books by Charpin (2012), *Hammurabi of Babylon* and Van De Mieroop (2005), *King Hammurabi of Babylon* (both highly authoritative, though with different emphases and approaches), and a chapter by Sasson (1995b), 'King Hammurabi of Babylon'. Roth (1997: 71–142), *Law Collections from the Ancient World* (1997: 71–142) and (2003), 'The Laws of Hammurabi', provides one of the most recent translations of Hammurabi's Laws. Charpin (2000), 'Lettres et procès paléo-babyloniens' and (2012: Chapters 8–10), *Hammurabi of Babylon*, provides references to and translations of a number of legal and administrative documents and letters dating to Hammurabi's reign; these contain much information about the system of justice and its management in this period. See also Sasson (2015), *From the Mari Archives: An Anthology of Old Babylonian Letters*. Von Dassow (2011), 'Freedom in Ancient Near Eastern Societies' provides important information on Babylonian social classes as reflected in Hammurabi's Laws. Goddeeris (2007), 'The Old Babylonian Economy', gives an account of the Old Babylonian economy, and van Koppen (2007), 'Aspects of Society and Economy in the Later Old Babylonian Period', discusses both social and economic aspects of the period. Crawford (2007), 'Architecture in the Old Babylonian Period', provides an account of Old Babylonian architecture—public buildings, palaces, temples, and domestic housing.

The Kassite period of Babylonian history (Chapter 4) is covered at some length in all general works on Babylonia. In addition, see Kuhrt (1995: 344–8), *The Ancient Near East*, and Sommerfeld (1995), 'The Kassites of Ancient Mesopotamia'. For translations of relevant documents from the period, see W. Moran (1992: 1–37), *The Amarna Letters*, and Chavalas (2006: 275–9), *The Ancient Near East: Historical Sources in Translation*. For Kassite Babylonia's relations with Egypt, see Warburton (2007), 'Egypt and Mesopotamia', with Hatti (the Hittite kingdom), see Bryce (2007), 'A View from Hattusa', and with the Levant, Vermaak (2007), 'Relations between Babylonia and the Levant during the Kassite period'.

Several 'classics' of Babylonian literature are discussed in Chapter 5. For an overview of the Gilgamesh epic, see Moran (1995), 'The Gilgamesh Epic: A Masterpiece from Ancient Mesopotamia'. George (1999), *The Epic of Gilgamesh: A New Translation*, translates and discusses the epic, and in (2003), *The Babylonian Gilgamesh Epic: Introduction, Critical Edition and Cuneiform Texts*, provides a scholarly edition of it. For translations of other Mesopotamian epics and myths, see Sandars (1971), *Poems of Heaven and Hell from Ancient Mesopotamia*, Hallo and Younger (2003: vol. I, 449–60), *The Context of Scripture*, Dalley (2008), *Myths from Mesopotamia: Creation, the Flood, Gilgamesh and others*. Van Koppen (2011), 'The Scribe of the Flood Story and his Circle', discusses the Atram-Hasis epic, its origins and authorship. For an introduction to Old Babylonian Akkadian inscriptions, see Wasserman (2003), *Style and Form in Old-Babylonian Literary Texts*. See also *Sources of Early Akkadian Literature*, a continuing Leipzig University Project, online at www.seal.uni-leipzig.de. Veldhuis (2011), 'Levels of Literacy', discusses the extent of literacy in Babylonian society. On divinatory practices, see Maul (2007), 'Divination Culture and the Handling of the Future'.

The interlude between the Kassite and Neo-Babylonian periods (Chapter 6) is covered in greater or lesser detail by all the above-mentioned general works on Babylonia. Brinkman (1982), 'Babylonia c. 1000–748 B.C.', and (1991) 'Babylonia in the Shadow of Assyria (747–626 B.C.)', provide detailed (though now somewhat dated) accounts of the period. Written sources for the period are translated in Frame (1995), *Rulers of Babylonia: From the Second Dynasty of Isin to the End of Assyrian Domination*, and (from Nabonassar's reign to 668 BC) Glassner (2004: 193–211),

Mesopotamian Chronicles. On the history of the Babylonian economy in the first millennium BC (including the Neo-Babylonian period), see Jursa (2007a), 'The Babylonian Economy in the First Millennium BC' and (2010), *Aspects of the Economic History of Babylonia in the First Millennium BC*.

In addition to treatments of the Neo-Babylonian period (Chapters 7–8) in the general works on Babylonia, see also Wiseman (1991), 'Babylonia 605–539 B.C.' (now obviously dated), Baker (2007), 'Urban Form in the First Millennium B.C.', and (2011), 'From Street Altar to Palace: Reading the Built Urban Environment' (on the layout of the Neo-Babylonian cities, the latter from the viewpoint of the ordinary inhabitants of the Babylonian cities). For comprehensive, up-to-date accounts of the Neo-Babylonian empire in general, see Baker (2012), 'The Neo-Babylonian Empire' and Jursa (2014), 'The Neo-Babylonian Empire'. On Nabonidus's reign, see Beaulieu (1989), *The Reign of Nabonidus, King of Babylon 556–539 BC*, (1995), 'King Nabonidus and the Neo-Babylonian Empire', and (2007), 'Nabonidus the Mad King'. On the Hanging Gardens and other aspects of the Neo-Babylonian period, including references to and translations of the relevant Classical sources, see Dalley (2013), *The Mystery of the Hanging Gardens of Babylon*. Jursa (2007), 'Die Söhne Kudurrus und die Herkunft der neubabylonischen Dynastie', discusses the origins of the Neo-Babylonian dynasty. Van De Mieroop (2003), 'Reading Babylon', provides an account of the ideologies underlying the built environment of Nebuchadnezzar's Babylon, and in (2009), 'The Empires of Assyria and Babylonia', a lavishly illustrated overview of both the Neo-Assyrian and Neo-Babylonian empires.

The Book of Daniel is the *locus classicus* for the biblical account of Nebuchadnezzar's and (allegedly) Belshazzar's reigns. For translations of Babylonian records of the period, see Glassner (2004: 214–39), *Mesopotamian Chronicles*, Studevent-Hickman *et al.* (2006), 'Neo-Babylonian Period Texts from Babylonia and Syro-Palestine', and Roth (1997: 143–9), *Law Collections from the Ancient World* (translation of the Neo-Babylonian Laws). Adad-guppi's biography is translated by J. A. Wilson in Pritchard (1969: 560–2), *Ancient Near Eastern Texts relating to the Old Testament*, and by S. C. Melville in Chavalas (2006: 389–93), *The Ancient Near East: Historical Sources in Translation*. The so-called 'Nabonidus Chronicle', an account of her son's reign and the Persian conquest of his kingdom, is translated by B. T. Arnold and

P. Michalowski in Chavalas (2006: 418–20), and the 'Verse Account of Nabonidus' by A. L. Oppenheim in Pritchard (1969: 312–15). The 'Chronicle' and 'Verse Account' both reflect strong pro-Persian, anti-Nabonidus bias.

Jursa (2005), *Neo-Babylonian Legal and Administrative Documents*, provides a survey of currently known legal and administrative documents dating from the Neo-Babylonian to the Parthian period, and Pearce and Wunsch (2014), *Documents of Judean Exiles and West Semites in Babylonia in the Collection of David Sofer*, deal with texts relating to the settlement of Jewish deportees in the Babylonian countryside. Waerzeggers (2011), 'The Pious King: Royal Patronage of Temples', discusses the ideology of kingship, with particular reference to the king's role in the religious activities of Babylonian society. Finkel and Seymour (2008), *Babylon: Myth and Reality* (Catalogue of a British Museum exhibition), is a lavishly illustrated treatment of many aspects of Babylon's history and civilization during the Neo-Babylonian period.

For brief accounts of Babylonia under Persian, Macedonian, Seleucid, Parthian, and Roman rule (Chapter 9), see Oates (1986: 136–44), *Babylon*, and Leick (2003: 61–9), *The Babylonians*. Kuhrt (2007), 'The Persian Empire', provides an overview of the Persian empire and Babylonia's place within it. Waerzeggers (2003/4), 'The Babylonian Revolts against Xerxes and the "End Archives"', analyses the Borsippa archives and the bearing they have on the dates of the uprisings against Xerxes. For translated passages from the Babylonian Chronicles of these periods, see Glassner (2004: 240–56), *Mesopotamian Chronicles*, and Chavalas (2006: 407–26), *The Ancient Near East: Historical Sources in Translation*. The Cyrus Cylinder inscription is translated by P. Michalowski in Chavalas (2006: 426–30). Clancier (2011), 'Cuneiform Culture's Last Guardians: The Old Urban Notability of Hellenistic Uruk', provides an account of the survival of the cuneiform culture in Babylonia during the Hellenistic period, and de Breucker (2011), 'Berossos between Transition and Innovation', an account of the Babylonian scholar Berossos's contribution to both Babylonian and Greek scholarship in the Hellenistic period.

For the decline and disappearance of the cuneiform writing system, see Brown (2008), 'Increasingly Redundant: The Growing Obsolescence of the Cuneiform Script in Babylonia from 539 BC'. On the role of the Babylonian temple in post-Neo-Babylonian periods, see van der Spek (1985), 'The Babylonian Temple during the Macedonian and Parthian Domination', and (2006), 'The Size and Significance of the Babylonian Temples under the Successors'. On Babylon itself in the late Persian and Hellenistic periods, see Boiy (2004), *Late Achaemenid and Hellenistic Babylon*. Further on the legacy of Babylon (Chapter 9), see Oates (1986: 163–98), *Babylon*, and Finkel and Seymour (2008: 166–212), *Babylon: Myth and Reality*.

For accounts of mathematics and metrology in Babylonia and elsewhere in the ancient Near East (end of Chapter 9), see Aaboe (1991), 'Babylonian Mathematics, Astrology, and Astronomy', Robson (2007), 'Mathematics, Metrology, and Professional Numeracy', and Chambon (2011), 'Numeracy and Metrology'. On the observation and recording of celestial phenomena, see Aaboe (1980), 'Observation and Theory in Babylonian Astronomy', and (1991), 'Babylonian Mathematics, Astrology, and Astronomy', and also Koch (2011), 'Sheep and Sky: Systems of Divinatory Interpretation', and Rochberg (2011), 'Observing and Describing the World through Divination and Astronomy'.

“牛津通识读本”已出书目

古典哲学的趣味
人生的意义
文学理论入门
大众经济学
历史之源
设计，无处不在
生活中的心理学
政治的历史与边界
哲学的思与惑
资本主义
美国总统制
海德格尔
我们时代的伦理学
卡夫卡是谁
考古学的过去与未来
天文学简史
社会学的意识
康德
尼采
亚里士多德的世界
西方艺术新论
全球化面面观
简明逻辑学
法哲学：价值与事实
政治哲学与幸福根基
选择理论
后殖民主义与世界格局

福柯
缤纷的语言学
达达和超现实主义
佛学概论
维特根斯坦与哲学
科学哲学
印度哲学祛魅
克尔凯郭尔
科学革命
广告
数学
叔本华
笛卡尔
基督教神学
犹太人与犹太教
现代日本
罗兰·巴特
马基雅维里
全球经济史
进化
性存在
量子理论
牛顿新传
国际移民
哈贝马斯
医学伦理
黑格尔

地球
记忆
法律
中国文学
托克维尔
休谟
分子
法国大革命
民族主义
科幻作品
罗素
美国政党与选举
美国最高法院
纪录片
大萧条与罗斯福新政
领导力
无神论
罗马共和国
美国国会
民主
英格兰文学
现代主义
网络
自闭症
德里达
浪漫主义
批判理论

德国文学
戏剧
腐败
医事法
癌症
植物
法语文学
微观经济学
湖泊
拜占庭
司法心理学
发展
农业
特洛伊战争
巴比伦尼亚

儿童心理学
时装
现代拉丁美洲文学
卢梭
隐私
电影音乐
抑郁症
传染病
希腊化时代
知识
环境伦理学
美国革命
元素周期表
人口学

电影
俄罗斯文学
古典文学
大数据
洛克
幸福
免疫系统
银行学
景观设计学
神圣罗马帝国
大流行病
亚历山大大帝
气候
第二次世界大战